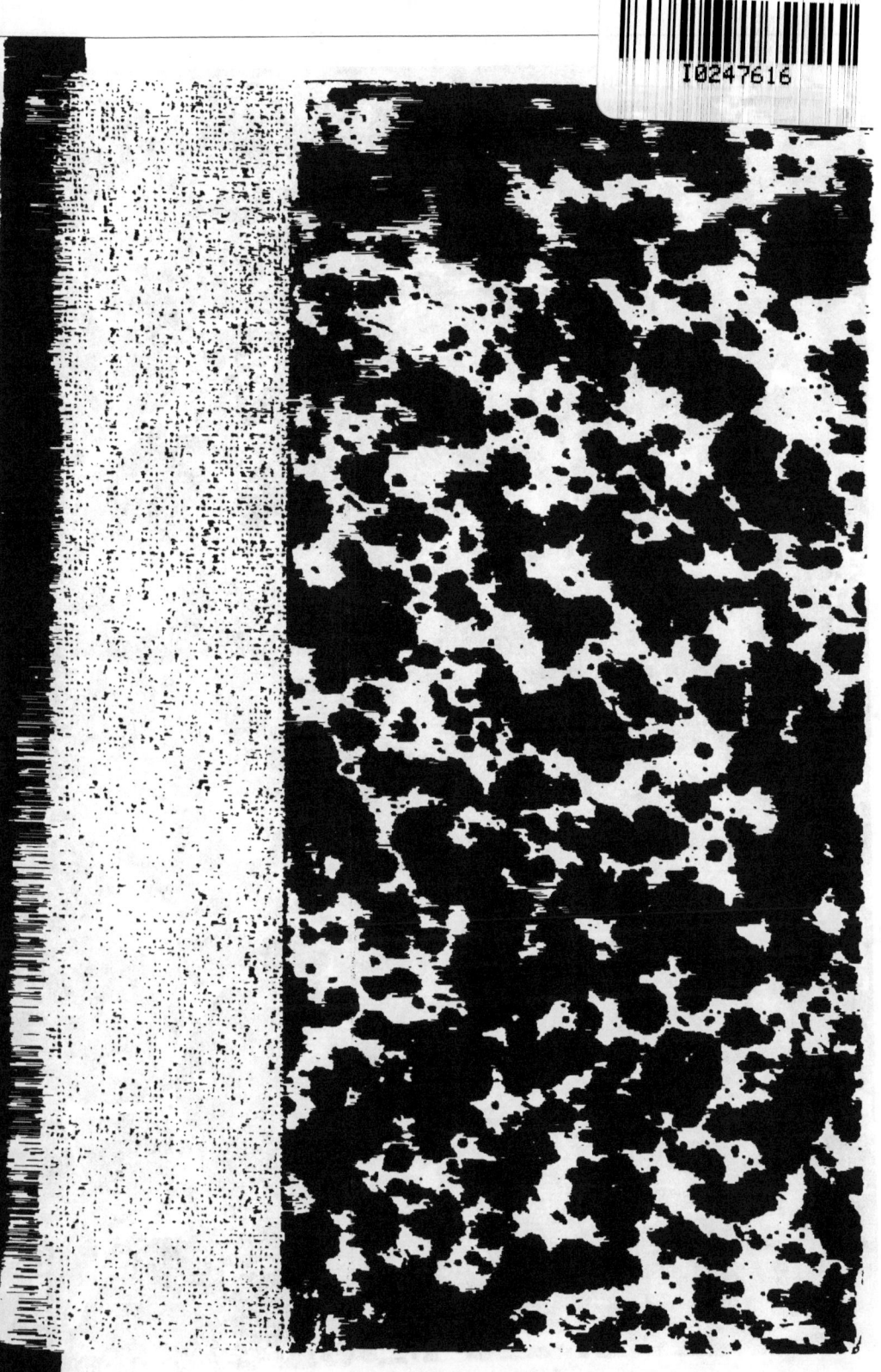

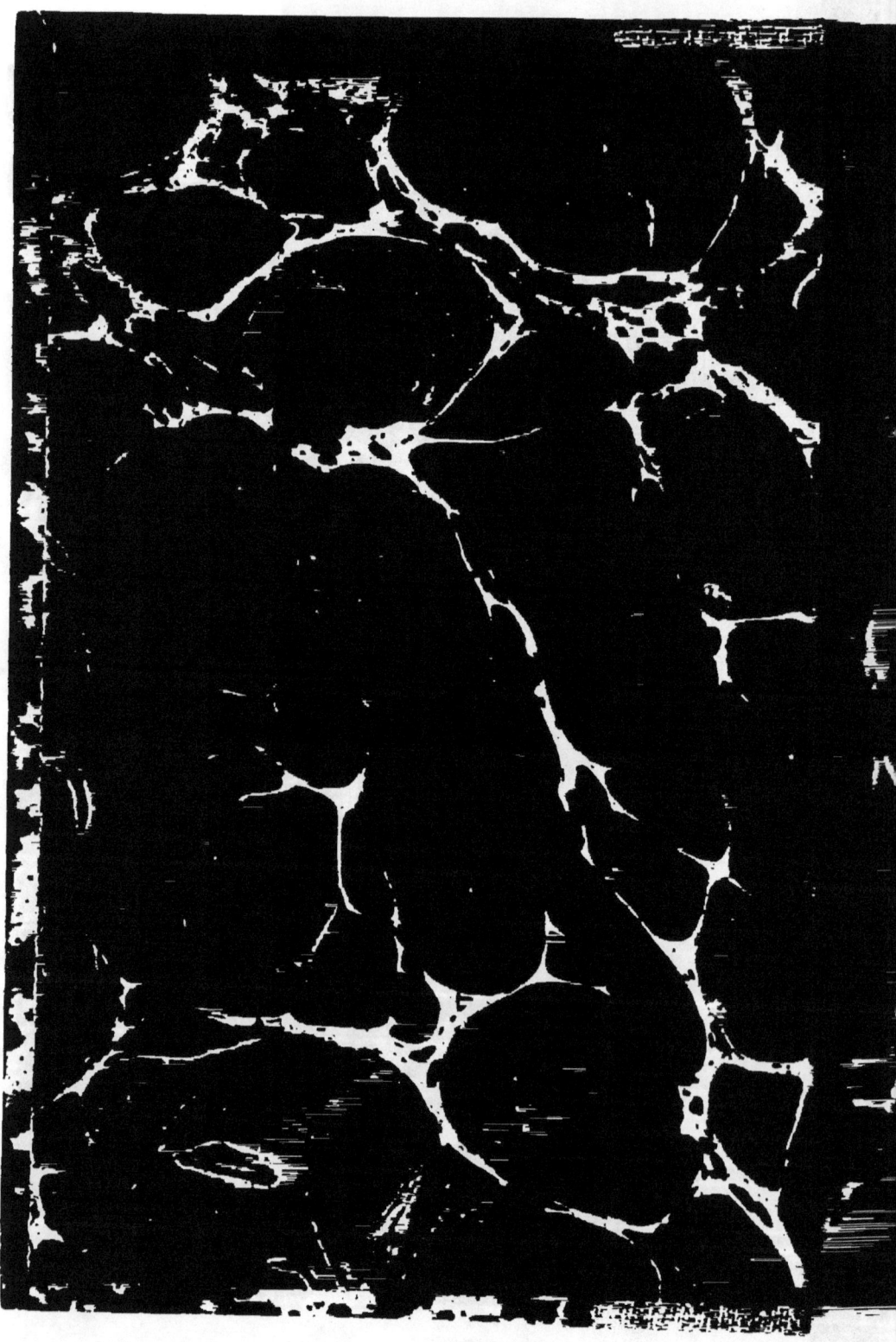

ROMANS

BIBLIOTHÈQUE DIAMANT

LES
# DEUX OCÉANS

PAR

J. ARAGO,

AUTEUR DES SOUVENIRS D'UN AVEUGLE

I

PROPRIÉTÉ DES ÉDITEURS.

BRUXELLES & LEIPZIG,
KIESSLING, SCHNÉE ET C<sup>ie</sup>, LIBRAIRES.
RUE VILLA-HERMOSA, 1.

1854

HISTOIRE

VOYAGES

POÉSIES

LES

# DEUX OCÉANS.

*Déposé au vœu de la loi.*
*Propriété des éditeurs.*

Bruxelles. — Imprimerie de A. Lacroix et Cie,
36, rue de la Fourche.

# LES
# DEUX OCÉANS

PAR

## J. ARAGO

AUTEUR DES SOUVENIRS D'UN AVEUGLE.

TOME PREMIER.

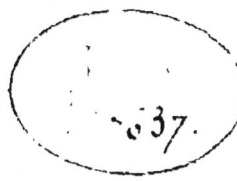

COLLECTION HETZEL.

BRUXELLES ET LEIPZIG,
KIESSLING, SCHNÉE ET C⁽ⁱᵉ⁾, LIBRAIRES,
RUE VILLA-HERMOSA, 1.

1854

# A SA MAJESTÉ
# DOM PEDRO II.

#### EMPEREUR DU BRÉSIL.

---

Sire,

Dans une de ces intimes causeries dont le souvenir se grave si profondément à l'âme, vous m'avez permis de vous dédier mon nouveau livre. Le voici.

Comment j'ai osé, moi, exilé du pays de lumière, guider une caravane aventureuse à travers les déserts et les océans, mes véridiques pages vous le diront.

Comment je n'ai pas craint plus tard, et presque toujours seul, de parcourir la plupart des archipels hospitaliers ou farouches que j'avais déjà visités, alors que mes yeux resplendissaient de rayons, j'ai dû le dire aussi, pour qu'on n'accusât point de folie une entreprise au succès de laquelle mon honneur était engagé.

Mais, ce que je n'ai eu garde d'oublier, parce que mon cœur a plus de mémoire que ma tête, c'est que j'ai trouvé au Brésil un prince de vingt-six ans à peine, incessamment occupé du bonheur de ses sujets, et parlant de nos modernes découvertes scientifiques en homme qui les médite et les comprend; un philosophe, rigide adversaire des vieux préjugés, et tendant une main protectrice à toute probité, à toute intelligence.

J'ai reçu de vous, sire, deux faveurs qu'il ne m'est plus permis d'oublier; elles m'ont encouragé dans l'accomplissement de mon œuvre de travail et d'énergie : puissiez-vous ne pas la trouver trop indigne du protectorat que vous lui avez accordé.

Démocratie et royauté voyagent parfois côte à côte, ainsi que des amis; il me semble qu'on a eu tort de ne pas le prouver avant moi.

J'ai l'honneur d'être,

Sire,

De Votre Majesté

Le très-obéissant serviteur.

J. ARAGO.

# PRÉFACE.

. . . . . . . . . . . . . .

Ainsi donc, voici encore un livre, un livre écrit sous l'inspiration du moment, en présence des faits qui se déroulent et se pressent pour ainsi dire sous mes pas. C'est une course au clocher, un itinéraire, j'y consens; mais si l'itinéraire peut guider les nouveaux venus, s'il échelonne devant eux les difficultés, les obstacles, les périls, s'il leur fait toucher du doigt les piéges tendus à leur crédulité, s'il les tient en garde contre l'appât des illusions dont on les berce jusqu'à l'heure du départ, j'aurai bien mérité de tous; je me reposerai satisfait dans cette pensée qu'il n'est point de clarté douteuse dont le pèlerin ne puisse retirer un bénéfice, et qu'une voix honnête, quelque faible qu'elle soit, ne meurt jamais sans écho.

# DEUX OCÉANS.

### DÉPART.

— Cinquante hommes de cœur guidés par un aveugle. — Rouen. — Le Havre. — Le trois-mâts *l'Édouard*. — Le mal de mer. —

Qu'importent les aspérités de la route à des piétons habitués aux courses longues et difficiles? Qu'importent les périls d'une entreprise aux cœurs chauds et passionnés, qui se sont dit à l'heure des adieux : Là est le but, nous ne nous arrêterons qu'après l'avoir atteint?

La fatigue n'est pas toujours dans la longueur du trajet; on la trouve souvent dans les ennuis du départ, et voilà pourquoi vous rencontrez çà et là, sous vos pieds, tant d'intrépides pusillanimes que l'ombre épouvante plus que la réalité : la peur entre aussi par les oreilles; le bruit est une puissance, et j'en connais plus d'un que le roulement seul du tonnerre fait tomber en oraison.

Sonder les hommes est chose cent fois plus difficile que de sonder un bloc de granit.

Faut-il donc pour cela que nous ne nous accostions les uns les autres que la méfiance à l'âme, cherchant d'un regard inquiet, sous les vêtements du voisin, la pointe d'un stylet qui nous menace?

Non, non : si l'astuce est un glaive, la bonne foi est un bouclier.

Avancez votre main, mais que votre cœur avance avec elle; ne laissez tomber que des paroles franches et loyales, courez après un regard répondant au vôtre, et les mauvais sentiments mourront dans la poitrine ennemie; vous trouverez aide et sécurité là où tant d'autres n'ont rencontré que les périls et la mort.

Ainsi ai-je fait à Owhyée, sur la grève où Cook a payé de sa vie la rudesse de ses actes envers les insulaires; ainsi me suis-je conduit à Ombay, lorsque, grâce à mes tours d'escamotage, j'échappai à la dent des naturels qui, la veille, avaient dévoré quinze Anglais tombés en leur pouvoir. Ainsi me décidé-je aujourd'hui, quoique aveugle, à me mettre à la tête d'une expédition périlleuse, dont je ne connais les membres que depuis hier.

A leurs paroles de bienveillance et de dévouement je réponds par une confiance illimitée ; je pars avec eux comme avec de vieux amis, comme avec des frères. Ils se font d'avance des dangers de mes dangers, je me fais une joie de leurs joies ; la vague écumeuse qui menacera l'un de nous déferlera également sur tous ; une catastrophe particulière sera peut-être une catastrophe générale, et si nous sommes cerclés dans un fatal remous, notre dernier regard sera un adieu à la vie et non point à l'amitié [1].

Nous voilà donc debout, alertes, insoucieux des périls dont nous menace la famille alarmée.

Cinquante, ni plus ni moins, ayant tous du cœur au cœur, et ne jetant un regard en arrière que pour dire *au revoir!* à l'ami qui nous tend la main, au frère qui nous presse dans ses bras.

Quelques-uns de nous connaissent la mer, cette grande menace du Créateur ; d'autres écoutent déjà dans le lointain son éternel bruissement ; et moi, qui l'ai si longtemps bravée, je me rappelle sans effroi, mais avec un recueillement pieux, ses colères, ses cris, ses étreintes si rigides, ses élans si passionnés, et surtout sa torpeur, plus dévo-

---

[1] Ces lignes étaient écrites au moment du départ : je n'y change rien, quoique les choses aient bien changé autour de moi.

rante encore que ses vagues, alors que l'ouragan les creuse comme des vallons ou les soulève comme des montagnes.

Un banquet fraternel nous avait tous réunis hors barrière; il y eut de la gaieté, cette santé de l'âme; on se sépara sans se quitter, car les souvenirs sont un lien solide comme l'acier, et, à quelques jours de là, le sifflet du waggon nous trouva de nouveau fidèles à notre poste.

On s'élance, on monte, on s'enferme dans sa boîte : la lourde machine s'ébranle aux rapides aspirations de la fournaise, une intime causerie a lieu : — on est arrivé.

Voici Rouen, patrie de Corneille et de Boïeldieu, deux princes de deux poésies.

Rouen applaudit encore à *la Dame Blanche*, dont il répète au foyer les mélodieuses inspirations; bien peu de ses citoyens, hélas! ont lu *le Cid et Rodogune*; c'est que rien n'est dévorateur comme le prosaïsme du négoce.

Le Havre est une ville de mouvement, même pendant l'agonie du commerce. Nous y arrivons le cœur battant fort, car c'est notre dernière relâche sur cette France si régulière et si monotone, dont le souvenir va pourtant nous accompagner au delà des océans. Je me hâte d'aller présenter une main amie à Corbière, ce nerveux auteur du *Négrier* et de quelques autres romans pleins de charme et d'intérêt; je m'embarque dans une yole qui me porte jusqu'au tire-veille de *l'Édouard*, j'escalade le bord, je suis chez moi.

Chez moi!...

A qui appartient ce magnifique trois-mâts?... à l'armateur, au capitaine, à son équipage?

Non. Il appartient aux vents qui vont s'emparer de lui, aux calmes qui le berceront, aux ouragans qui le feront crier, à Dieu qui seul sait la rade, le port, la plage qui doit lui servir de refuge ou de tombe. Quant à nous, dont l'horizon s'élargit, nous ne cherchons pas à déchirer le voile qui couvre notre destinée, et nous sourions au doute, comme si le doute était un bonheur.

Tout le monde est à son poste, capitaine, matelots et passagers.

Tel qu'un habile plongeur, la cité disparaît sous la vague qui soupire, et bientôt l'eau et le ciel, celle-là roulant sous la quille avec son murmure éternel, celui-ci léopardé de nuages obéissant à la brise et s'effaçant bientôt à l'horizon.

Les causeries, qui d'abord avaient été bruyantes, ne sont plus maintenant que rares et saccadées; la phrase, commencée avec éclat, expire inentendue, escortée d'aigres soupirs; les visages pâlissent, les yeux se vitrifient, le pont ne résonne plus que sous des pas incertains, et de tous ces hommes naguère si souriants et si loquaces, deux ou trois à peine se tiennent fièrement debout, accoudés au bastingage ou cramponnés à une manœuvre.

Que font les autres? hélas! ce que je fais moi-même : ils souffrent, ils râlent, ils maudissent... Je me trompe, ils n'ont pas même à eux la parole qui lance l'anathème, l'énergie qui jette l'imprécation au dehors. Ils sont là, esclaves du roulis qui les promène, tantôt à bâbord sous le banc de quart, tantôt à tribord heurtés par un tolet aigu qui les meurtrit, ou poussés par les pieds du maître, qui les arrime comme on le ferait d'un baril de goudron, et ne sachant si le navire court au large, si la rafale s'irrite et devient discourtoise, s'il fait jour, s'il fait nuit, en un mot si l'agonie ne s'éteindra pas dans la dernière prière qui invoque la mort.

Taisez-vous, énervés de nos capitales assoupies, qui poussez un cri de détresse au choc d'un carrosse, à la secousse d'un piéton inattentif! Taisez-vous, braves ou timides, vous à qui le boulet a cherché querelle au milieu de la mêlée! vous avez souffert une douleur aiguë, vous avez poussé les hauts cris à la scie réparatrice qui vous a enlevé les débris d'un membre mutilé; mais, hélas! tout cela n'est rien si vous le comparez aux brûlantes étreintes du mal de mer s'emparant du torse le plus énergique et le soumettant à son gré.

On est là, sans cœur, sans regard aux yeux, couché, tordu, respirant par soubresauts, les lèvres pâles, la peau terreuse, tantôt froide comme le marbre du mausolée, tantôt brûlante comme celle du fiévreux à son dernier battement.

Qu'importent ces misères et bien d'autres encore à celui que le mal de mer a saisi à la gorge? Les menaces de l'Océan irrité, le sifflement de la flamme grimpant aux hunes, rien ne l'occupe, rien ne l'intéresse, rien ne l'effraye; il a le mal de mer, donc il n'a ni vibration aux entrailles, ni vigueur pour plaindre ou aimer.

Ne lui parlez ni de sa mère à la tombe, ni de la gloire de son nom, ni de son honneur menacé, ni des épanouissements de sa jeunesse; ce sont là des mots et des choses qui n'ont point de sens, qui n'appartiennent à aucune langue, qui ne le réveilleront pas plus de sa torpeur corrosive que la secousse de Volta ne réveille le cadavre.

Tenez: quand un homme me dit qu'il a ressenti les atteintes du mal de mer et que j'apprends qu'il s'embarque de nouveau pour un grand voyage, il me semble qu'on est ridicule de ne pas l'enfermer dans un cabanon, ou injuste de lui refuser un palais, un temple, une couronne.

Oh! misère!...

Vous êtes-vous jamais trouvé, par un jour d'été, en pleine campagne, pendant une pluie d'orage?

Oui, sans doute.

Oh! alors vous avez dû remarquer que tant que dure l'averse, le peuple grignotant, becquetant, sifflotant, se tait, se claquemure, s'emprisonne pour échapper au déluge; mais, dès que le météore a passé, dès que le ciel bleu s'est pris à sourire à la nature en larmes, le rossignol sur sa branche, le grillon dans sa cave, la cigale sur son écorce, la chenille enroulée à sa tige, se montrent joyeux et coquets, reprennent leurs allures normales, recommencent leurs gazouillements et s'épanouissent au soleil qui les réchauffe.

Ainsi a fait la caravane de *l'Édouard* après les rudes étreintes infligées par le roulis et le tangage, et auxquelles son estomac commence à se façonner.

Seulement, lorsque vous auriez pu distinguer là-bas une démarche plus indépendante, un regard plus limpide, un chant plus gracieux, une allure plus coquette, vous ne voyez ici que des figures hâves, des prunelles glauques, une démarche alourdie et chancelante.

C'est que le mal de mer ne s'éteint pas avec les tiraillements; c'est qu'il laisse derrière lui des traces, comme la fièvre ; c'est que, pareil à tous les êtres maudits, à toutes les passions haineuses, il n'est pas même satisfait après la victoire, et qu'il veut que les larmes succèdent à la douleur.

Mais la brise se fait généreuse, le navire s'abat sur le flanc avec des mouvements réguliers, le pied du passager s'amarine, on reprend les causeries oubliées ; et moi, naguère plus abattu que mes compagnons, je déroule à leurs yeux, afin qu'ils ne s'épouvantent pas de l'imprévu, quelques-uns des magnifiques tableaux dont ma mémoire se colore, comme si le soleil se reflétait plus brillant sur ma paupière éteinte.

## UN HOMME A LA MER.

— Déjà le drame.— Le canot va vite, la mort va plus vite
— La tombe d'Auguste. — M. Curet. —

Déjà le drame, déjà le deuil !... Un homme à la mer ! ce cri sinistre vient de retentir de l'arrière à l'avant du navire, et Bourge, notre maître d'équipage, actif comme la pensée, a dit la parole sacramentelle : « Masque partout ! embarque les canotiers ! les avirons en main ! »

Un homme à la mer !... Savez-vous qu'il y a là quelque chose de lugubre, qui vous dit le départ de l'homme luttant contre la puissance de Dieu? Un homme à la mer !... pour appui le flot qui va lui servir de tombe; plus il le laboure d'un bras nerveux, d'une main frénétique, plus il se fait sa part dans l'océan sans bornes, dont chaque menace est un arrêt fatal.

On l'a vu tomber de la grande vergue, tournoyer, faire sa trouée, disparaître et se remontrer bientôt, couché sur le dos, en habile nageur qui ne veut pas tout d'abord épuiser ses forces. Dans tous les yeux des pleurs, dans tous les cœurs des prières... La yole lentement, lentement mise à flot, nage toujours avec la plus grande énergie, et l'homme à la hune ne perd pas de vue la tache mouvante qu'il guette sur l'Océan, à travers la houle, balançant un matelot à l'agonie, un fils adressant un adieu à sa vieille mère à genoux. A-t-il vu nos préparatifs? sait-il que cinq de ses plus intrépides camarades nagent vers lui de toute la force de leurs bras vigoureux?... Se croit-il abandonné? Va-t-il, par un sublime effort, cesser de lutter contre une agonie qui doit lui sembler éternelle?

Rien encore! Le navire attend, le canot poursuit sa marche; mais la vague est impitoyable, elle veut bien ce qu'elle veut, elle ne rend guère ce qu'on lui confie... et la tache brune échappe, par intervalles, au regard de la vigie découragée.

Voilà une heure que nous cherchons un homme sur ce vaste abîme qui défie la sonde. Combien y en a-t-il, hélas! pour le patient qui appelle au secours?...

Le canot va vite; la mort va plus vite que lui, elle a saisi sa proie, la tache s'est effacée!... Est-ce une prière, est-ce un blasphème qui est monté au ciel?... C'est que la douleur désapprend la religion; c'est que, lorsqu'on a fait son devoir, toute catastrophe semble une injustice, et que le cœur se révolte contre toute puissance qui nous écrase.

Mais les matelots piquent toujours au large: car c'est un de leurs frères qui les appelle, qui les invoque, qui les attend, et l'espérance ne s'éteint pas encore dans toutes les âmes.

Le Ciel a parlé... les torses et les bras se sont vainement lassés à la peine; le canot vire de bord, il revient plus lentement qu'il n'était parti, et *l'Édouard* est délesté d'un des meilleurs gabiers de son équipage.

Eh! bon Dieu! nos jours sont comptés, le livre des décrets célestes n'a point de ratures, et le

Créateur de toutes choses ne revient jamais sur ses pas.

Voyez pourtant à quoi tiennent les destinées, et fouillez dans l'avenir, vous qui vous occupez à peine des jours présents, comme si demain était irrévocablement à vous.

Au moment de notre départ, un homme manquait à l'appel ; deux matelots qui avaient secondé les travailleurs engagés déjà, se présentent pour le remplacer ; l'un est choisi par le capitaine, l'autre par le lieutenant, qui l'emporte et renvoie le premier. Arrivé sur le quai, celui-là, furieux, lance un terrible anathème contre son heureux rival. Et vous pouvez lire aujourd'hui, sur les registres du bord, ces lignes, tristes comme un dernier embrassement, sombres comme un adieu fraternel : « Ce matin, 2 avril, à neuf heures, par un très-beau temps, le nommé Auguste est tombé de la vergue dans la mer ; la yole a été sur-le-champ mise à l'eau : mais, après deux heures de recherches infructueuses, elle a rejoint *l'Édouard*, qui a repris sa route. »

— C'était un garçon d'intelligence, disent ceux de nos passagers qui l'avaient étudié.

— C'était un excellent camarade, se répètent les matelots, en se serrant tristement la main.

— C'était un vaillant gabier, dit aussi le maître qui l'avait vu à l'œuvre pendant les mauvais jours que nous venions de passer.

Faut-il donc s'étonner de le voir le premier nous adresser un si douloureux adieu? N'importe, quand mon tour arrivera, je suis sûr que l'équipage fera son devoir comme il l'a fait aujourd'hui.

Auguste revenait à peine de Calcutta, sur un navire où il était maître d'équipage; vous savez comme il s'est embarqué chez nous. A son lever, M. Denis, un de nos plus intelligents, un de nos plus infatigables associés, lui disait:

— Mon brave, on ne voit que vous sur les empointures, vous courez sans cesse après la tâche la plus rude : à chacun sa part de fatigues et de dangers; ménagez-vous, car nous tenons à vous conserver, car déjà tout le monde vous aime à bord.

— C'est parce que je veux que tout le monde m'aime, avait répondu Auguste avec un accent de bonté tout à fait amical, que je tiens à faire plus que mon devoir; épargner la fatigue aux autres, c'est presque se soulager soi-même. Rassurez-vous d'ailleurs, monsieur, j'ai le pied marin et les manœuvres me connaissent.

Voilà sa tombe!

Eh bien! nous devons tout dire! nous qui voulons être véridique depuis la première jusqu'à la dernière page de notre récit ; nous devons tout dire, pour que, dans l'avenir, nous n'ayons pas de semblables amertumes à jeter aux coupables.

Rien, sur *l'Édouard*, n'était et n'est encore disposé pour prévenir un pareil malheur. Oui, j'en conviens, le cri : *Un homme à la mer !* a été vraiment électrique ; mais point de bouée de sauvetage à l'arrière ; point de tolets à la yole, qu'on a mise à la mer avec une lenteur désespérante ; point d'avirons prêts pour la manœuvrer; point de cage à poules lancée au malheureux qui aurait pu s'y cramponner, et qu'il nous eût été plus facile alors d'indiquer aux nageurs, souvent abrités par la houle.

Restent quinze hommes pour un aussi fort navire : quinze, parmi lesquels vous comptez un tout jeune mousse, un coq et un maître d'hôtel : je dis que ce n'est pas assez de monde pour un trois-mâts de 1,000 tonneaux, et je soutiens que M. Curet a eu mille fois tort d'assurer à la plupart d'entre nous qu'il avait un effectif de trente personnes. De pareils mensonges appellent des châtiments. Ces lignes, Curet les lira, s'il apprend à lire ; d'autres les liront avec lui.

Encore une catastrophe aussi cruelle que celle qui vient de nous atteindre, et nous verrons comment nous lutterons contre les rafales du cap Horn, s'il s'avise d'être aussi querelleur que je l'ai déjà vu, alors qu'un soleil de vingt heures l'éclairait de ses rayons obliques.

Ce sont maintenant vingt heures de nuit qui nous attendent au pôle austral, vingt heures de nuit ! vingt heures, et plus peut-être, si nous avançons vers les hautes latitudes, louvoyant à travers les monts de glace, au sein d'une zone où la neige tombe à flots pressés. Sur le navire voilé d'un linceul mortuaire, vingt heures de nuit par un froid qui roidit les membres, fait crier les manœuvres, étouffe le battement des artères !

Ils disent que c'est assez de douze hommes pour des luttes pareilles !... Je trouve que c'est beaucoup trop : à quoi bon tant de victimes ?

## L'ÉDOUARD. — UN PEU DE TOUT.

— Les passagères. — La belle Aménaïde. — Est-il beau ?
— Le capitaine *Pain-Sec*. —

———

Il est solide, bien chevillé, bien doublé, bien mâté; on le croirait façonné aux rafales du cap Horn, qu'il ne connaît pourtant pas encore, et vous diriez, à ses allures d'indépendance, qu'il se rit des glaces australes au milieu desquelles il s'élance en évaporé.

J'aime tout ce qui ne tremble pas à l'approche du péril, et je tends une main courtoise à l'homme de cœur qui accepte sans grimacer les rigueurs d'une entreprise honorable, dont le succès est plus que douteux.

Voilà pourquoi je salue mon trois-mâts avec amour, et son capitaine avec... nous verrons demain.

J'ai déjà soif d'un ami. Un ami en mer! un ami dans un cachot! C'est là non-seulement une consolation, mais un bonheur. . . . . .

Je croyais ne trouver à bord que ma caravane, l'équipage et quelques passagers s'exilant de leur patrie pour aller à la conquête de l'or californien; je me suis trompé. Voici des femmes, on me le dit, des prunelles de velours, des visages roses, des tailles élégantes et souples. Voici des mains de bonne maison, de gracieux sourires, des voix mélodieuses. Vous voyez que notre ciel s'étoile, que nos longues traversées s'abrégent, que nos causeries du soir se colorent... Mais, hélas! ne voyez-vous pas aussi les haines, les jalousies, les espérances, les déceptions? Ne devinez-vous pas les inquiétudes, les vengeances, le deuil jetant son voile funèbre de l'arrière à l'avant du navire attristé?

Où vont-elles, où vont-elles si jeunes encore?

Il y a de l'or sur le bord du Sacramento, il y a des perles à Guatemala, et les voilà en route, irréfléchies, insoucieuses, avides seulement d'avenir, quand le présent se déroule si menaçant sur leur tête. Elles veulent de l'or, et peut-être ont-elles immolé à cette soif ardente les pleurs maternels, consolateurs de toutes les afflictions de l'âme... Elles veulent de l'or, et les voilà clignotant à peine à l'éclair qui embrase l'espace, et savourant comme une musique céleste le roulement du tonnerre qui court en lugubres soubresauts du zénith à l'horizon et de l'horizon au zénith. Pauvres folles! imprudentes évaporées!...

Mais suspendons notre anathème, et sachons, auprès de cette charmante jeune fille accoudée sur le bastingage, s'il n'y a pas trop d'amertume dans ma philosophie et trop de venin dans mes suppositions. Un regard encourage ma témérité, mon voisin me l'assure ; Aménaïde et moi nous nous complaisons dans nos confidences ; je suis provocateur comme l'indiscrétion.

— Ne trouvez-vous pas, mademoiselle, que les allures du navire ont quelque chose d'amical et de chevaleresque à la fois, qui ferait aimer les dangers de la navigation ?

— Je ne sais pas, monsieur, ce que vous appelez chevaleresque, mais je comprends que sur une mer si peu raboteuse et avec une brise si régulière on se hasarde à courir le monde.

— Seule ?

— Est-on jamais seule avec un cœur, alors que dix-neuf ans ont à peine sonné ?

Ces paroles furent prononcées avec un gros soupir, et cependant l'accent de ma causeuse resta calme et sans émotion.

— Tenez, poursuivit-elle d'un ton plus enjoué, les traces des larmes ne se verraient pas sur cet océan que nous sillonnons, et auquel nous ne songeons pas plus qu'aux fantômes qui ont bercé notre enfance.

— Soit ; faisons que le sourire nous arrive, et ouvrons une nouvelle voie à nos pensées.

— La mémoire est une fatale chose, M. Arago,

et s'il est vrai que l'oubli soit le second linceul des morts, il est une punition aussi pour les vivants, sans cesse en présence d'une déception.

— Pardon, mademoiselle, répliquai-je de ma voix la plus rassurante ; mais je croyais que vous vouliez laisser derrière vous vos tristes souvenirs.

— C'est que le nuage n'avait pas encore passé, monsieur, et qu'il vient de jeter ses dernières larmes sur l'Océan réveillé. Les voiles s'enflent sous nos prières : causons.

— De quoi ?

— N'importe.

— Choisissons un mauvais sujet, parlons de vous.

— Prenez garde, monsieur. l'impertinence n'est pas la gaieté ; je permets l'épingle, je défends le canif ; j'autorise l'ongle, j'interdis la dent.

— Eh bien ! soit, parlons des choses oubliées ; de votre mari, par exemple.

— Je n'ai point de mari, et pour vous épargner l'ennui des questions oiseuses, je vous dirai, M. Jacques, que votre langue s'exerce encore sur une supposition erronée. Je suis orpheline, indépendante ; cependant mon cœur est pour beaucoup dans la détermination que j'ai prise, et si j'ai quitté Paris, où je suis née, c'est dans la crainte d'un malheur contre lequel la misère et la philosophie sont sans puissance.

— Allons, allons, vous aimez du regard bien plus que de la parole.

— Je le crois, me répondit Aménaïde en baissant à coup sûr ses beaux yeux que je savais frangés de cils noirs et pressés.

— Ainsi donc, mademoiselle, c'est la peur qui vous a donné du courage.

— Oui, monsieur, la crainte d'un danger m'a jetée dans un danger plus grand peut-être ; mais j'étais à peine lancée dans la vie, que mon cœur et ma tête se trouvèrent en hostilité. Luttons avec persévérance, si nous voulons nous épargner une infortune.

— Est-il beau ?

— Vous me parlez de quelqu'un ?

— Certainement, de *lui*, demandai-je avec timidité.

— Qu'est-ce que la beauté, s'il vous plaît ? poursuivit Aménaïde. Le grand, le petit, le mince, le dodu sont beaux, selon le caprice ou l'imagination ; le savant, le sot, le sage, le fou, le bizarre, le quinteux, le crétin même ont été trouvés beaux à leur tour. Aussi puissants que Dieu, c'est nous qui faisons le beau, et comme par malheur notre cerveau n'est jamais stationnaire, vous comprenez combien il y a de variétés dans notre religion.

— Heureuse enfant ! je vois que je n'ai pas affaire à une athée, mais à une païenne, et je commence à moins m'alarmer de cette douce pâleur et de cette teinte mélancolique dont mes compagnons de voyage m'avaient tout d'abord attristé.

— C'est bien cela, me dit-elle en me parlant en face, vous jugez des sentiments par la couleur : un visage rose a un cœur rayonnant, un front pâle a une pensée de cimetière.

— On dit communément : « L'habit ne fait pas le moine, » l'épiderme ne pourrait-il pas faire l'intérieur ?

— Non sans doute, poursuivit la jeune fille d'une voix moins timbrée, car nous voulons bien souvent des fleurs sur une tombe.

— Vous devenez lugubre, j'aime mieux vous quitter.

— Allez, monsieur, nous avons le temps de poursuivre nos confidences. Je vous en ai dit assez pour que j'ose davantage une autre fois, et vous en savez assez également pour que vous désiriez rester en chemin... Tenez, voici un grain qui nous menace, sauvons-nous ! Bourrasques physiques ou morales, c'est là notre vie : soumettons-nous donc.

Je crus que notre jeune inconnue allait se retirer dans sa cabine pour s'abriter contre l'averse qui déchiquetait les vergues ; mais on la vit se diriger vers le gaillard d'avant, s'accroupir contre le bastingage, et recevoir, sans en paraître émue, les soufflets de la rafale et les rapides ondées dont la Manche n'est presque jamais avare.

Ce que j'aime le plus après l'imprévu, c'est le mystère.

Peut-être cette belle personne qui semble s'isoler des autres passagers n'est-elle qu'une bourgeoise abandonnée par un séducteur ; peut-être ne me fait-elle ses demi-confidences que parce qu'elle a étudié les secrets de l'art dramatique, qui veut échelonner les émotions ; peut-être aussi — car enfin on ne doit humilier personne — est-ce une couturière du quartier Breda, que la disette de bons conseils emporte au delà des océans, comme une bulle de savon ou comme un duvet esclave de toute brise...

Quoi qu'il en soit, elle m'intéresse aujourd'hui ; nous verrons dans l'avenir, qui n'appartient encore à personne.

Mais voici de nouvelles collerettes, de nouvelles robes d'indienne, de soie et de velours. Eh bien ! cela m'afflige, cela m'attriste. Qu'est-ce qu'un vœu de femme, alors que la mer a jeté dans l'espace sa voix retentissante? Qu'est-ce qu'un regard de femme, alors que le zigzag de l'éclair déchire le nuage et fouette la vague, qui déjà se dressait pour l'éteindre au front des cieux? Qu'est-ce qu'une prière de femme, alors que le rocher de granit vole en éclats sous la secousse du flot écumeux déchaîné contre lui par la tempête?

Tant de faiblesse à côté de tant de colère vous jette la pitié au cœur, la douleur à l'âme; et vos yeux se mouillent au souvenir de la vieille mère qui prie là-bas, là-bas, pour que le ciel bleu ne cesse point de sourire à sa jeune fille courant après le bonheur, qui court, hélas! plus vite qu'elle.

Mais voici le capitaine; il a nom Curet, il a soutenu dix combats acharnés contre les ouragans des Antilles, et quoiqu'il n'ait pas encore fait connaissance avec les rafales du cap Horn, il en parle avec un dédain qui, je l'espère, ne se démentira pas au moment de l'assaut... Nous allons le voir à l'œuvre.

Curet jase, c'est bien; il jure beaucoup, c'est mieux; il prie dans le calme des éléments, tant mieux toujours.

L'oraison de l'impie au moment du péril est un blasphème et une hypocrisie à la fois: n'invoquez point sainte Barbe quand vous avez besoin de sainte Pompe; ne croisez pas dévotement vos mains quand vous avez à caler un mât ou à serrer une voile.

Je vous ai dit qu'il jure : cela est vrai, il jure; mais chez lui le mot n'est pas la chose, il articule les b..... et les f..... comme s'il prononçait les syllabes les plus coquettement harmonieuses de la langue.

Au reste, le juron est essentiellement du domaine du marin : c'est sa propriété, sa richesse, son opulence... Le marin pure race jure de colère quand il navigue à la bouline; il jure d'impatience quand le calme le cloue sur la lame silencieuse; il jure de rage quand une brise trois quarts largue le pousse vers la côte désirée; il jure encore quand son biscuit est frais, quand le vin de la cambuse n'est pas trop chrétien, quand le capitaine lui sourit et lui frappe amicalement un petit coup sur l'épaule... Vous voyez donc bien que le juron du matelot peut être regardé parfois comme une prière.

Curet est de la Seyne, charmant petit village se mirant au fond de la rade de Toulon, dans une mer toujours paisible.

J'aurais gagé beaucoup contre peu que nous ne serions partis ni un vendredi ni un treize. Les matelots levantins sont superstitieux comme les vieilles nourrices de Bretagne ; Curet l'est également. Socrate, Catinat et Napoléon l'étaient beaucoup, et je ne sais pas trop pourquoi Curet, mon ami Curet, me garderait rancune de le loger en si mauvaise compagnie.

Soit dit entre nous, je suis superstitieux aussi, et Jean-Jacques ne m'en aurait point remontré en fait de puérilités.

Ainsi donc, il est bien entendu que Curet-Napoléon-Socrate-Catinat-Jean-Jacques est superstitieux, qu'il ne fera jamais donner treize coups de garcette à un matelot, et que s'il y a un châtiment à infliger, il ne choisira jamais un vendredi... Vous voyez bien encore que la superstition n'est pas déjà si ridicule, qu'elle a son côté moral, et qu'à tout prendre il y a dans le monde des milliers de choses saines et logiques qui ne rapportent pas le même bénéfice.

Les matelots de *l'Édouard* appellent leur capitaine *Pain-Sec;* c'est bien nommé, car je ne crois pas qu'il s'amuse à leur donner, même aux jours de gala, autre chose que du lard et du bœuf salé. L'ordinaire n'est guère extraordinaire chez eux ; mais au total on peut, de temps à autre, fouiner une dorade, émerillonner un requin, et dès lors l'équipage s'en donne à cœur joie et chante à plein gosier, comme si dix centimètres de bois ne le séparaient pas du néant, comme si, à son retour, il ne devait peut-être pas trouver une patrie, des amis, une mère à la tombe.

Pauvre matelot!... Je te retrouverai, Curet de malheur!

A peine quelques jours ont-ils passé sur le navire, que déjà se dessinent les sympathies et les répulsions. On s'évite sans se fuir, on se retrouve sans se chercher. Quand le roulis de l'*Édouard* donne une secousse trop violente, le passager, saisi à l'improviste, tombe dans les bras de celui à qui lui-même il voudrait servir d'appui, et je ne sais pourquoi vous souriez à la chute du promeneur inattentif qui va se heurter l'épaule sur la drome ou contre les saillies d'un bastingage en désarroi.

En avant nos intimités, puisqu'elles ne doivent pas mourir à leur naissance!

C'est encore ma belle inconnue que je coudoie là, auprès du grand mât.

Je bénis le hasard : est-ce bien lui que je dois bénir?

— N'est-ce pas, monsieur, me dit-elle franchement et sans préambule, qu'on s'habitue moins aisément aux injustices des hommes qu'aux turbulences océaniques?

— Qui donc a eu le tort de faire naître en vous ces réflexions, mademoiselle? demandai-je à mon tour, en prenant une main qu'on m'abandonna sans résistance.

— Lui!

— A la bonne heure, mademoiselle; voilà un mot, un seul, qui n'a qu'une syllabe, trois lettres, qui est toute une histoire et peut remplir des volumes; je vous remercie de venir au-devant de ma curiosité.

— Vous ai-je dit que j'allais continuer?

— Cela est-il bien nécessaire? Il en est de vos causeries comme de vos passions. Dès que les premières vous excitent, vous ne vous arrêtez qu'au dénoûment; dès que les autres vous aiguillonnent...

— Assez, assez, monsieur, vous iriez jusqu'à l'insolence, et je ne veux pas avoir à vous punir.

— Je vous en donne le droit.

— Et moi je le refuse.

— C'est pourtant un cadeau qui flatte bien des ambitions féminines.

— Vous êtes, M. Arago, d'une vanité ravissante, et vous parlez comme un aveugle... Pardon, mon ami, pardon, le mot m'est échappé; je le reprends avec une larme, avec un serrement de cœur.

— Vous m'apprenez qu'il peut nous arriver des douleurs consolatrices; merci! Mais la beauté, mon enfant, continuai-je avec abandon, la beauté, pour nous surtout, exilés du pays de lumière, n'est pas seulement dans le souvenir d'un front d'albâtre sous une couronne d'ébène; elle n'est pas non plus dans la tendresse du regard, dans la poésie de la démarche, dans l'harmonie de la parure : la beauté, c'est aussi l'organe limpide qui nous visite comme un ami longtemps désiré; elle est dans le souffle plus ou moins rapide d'une lèvre consolatrice, dans le contact plus ou moins tiède de deux mains qu'on emprisonne dans une main.

La mienne se trouva libre un instant.

— Comment! mademoiselle, poursuivis-je d'une voix attristée, vous ne permettez pas même le rêve au malheureux pour qui la réalité est une si grande infortune? Cela tient du démon, et la femme ne devrait tenir que de l'ange. Je me rappelle ma mère, ma sœur; je n'ai pas d'autre souvenir en ce moment, car j'ai bâti dans mon sein un temple à la clémence!

Il y eut un moment de mutisme, pendant lequel je pouvais remarquer l'examen que s'imposait mon interlocutrice, à l'effet de savoir si elle devait ou non poursuivre ses confidences.

Quant à moi, j'attendais sans trop d'inquiétude, convaincu d'avance que la discrétion aurait le dessous dans la lutte; mais je n'avais garde d'en paraître certain, de peur d'humilier l'amour-propre.

Laissez agir librement la femme, si vous la

voulez votre esclave; pour peu que vous lui imposiez des chaînes, elle les brisera et vous serez dominé à votre tour.

Ce qui fait notre force, c'est moins sa faiblesse que sa résistance, et je crois qu'elle refuserait de se courber devant sa volonté bien arrêtée, si vous vouliez la lui imposer par la tyrannie.

---

## MOI.

— Mon enfance. — Partez, partons. — Deux dans une boîte de soixante-cinq centimètres de large. — Mon compagnon Saintin-Baudry. —

---

Tandis que mes joyeux camarades jettent un regard avide vers l'avenir, moi, rêveur sur mon étroite couchette, je plonge dans le passé, j'interroge mes souvenirs les plus confus, et je me demande s'il était bien nécessaire qu'on me donnât le jour.

Un riche village poétiquement enclavé dans les Pyrénées; des eaux transparentes; un ciel presque toujours bleu; un père, la probité même; une mère, dont le nom rappelle toutes les vertus, toutes les affections, toutes les richesses de l'âme... où est le bonheur, si on le cherche autre part?

Mais le front de cette mère, si saintement aimée, rêva une autre vie pour ses fils; les repas de famille furent modestes, les coûteux plaisirs devinrent plus rares, et le collége reçut les six enfants d'Estagel.

Vous savez la gloire de l'aîné, dont l'œil puissant a traduit à sa barre les merveilles célestes les plus cachées du Créateur; le courage du second, la noblesse de ses sentiments, ont longtemps occupé le Mexique qui pleure encore son meilleur général du génie... Je vous parlerai du troisième plus tard. Quant à Victor, Anvers l'a vu mis à l'ordre du jour pour une de ces actions d'éclat qui honorent la carrière du soldat. Le colonel Joseph a été un des plus fermes appuis de Santa-Anna au jour de sa grandeur; et le plus jeune, Étienne, est un de ces esprits d'élite, un de ces cœurs d'or, qui comprennent les souffrances de la patrie, à laquelle ils consacrent, au premier appel, les trésors de leur plume et le tranchant de leur épée.

Mon enfance, à moi, fut une douleur sans relâche: jamais, à coup sûr, on ne vit de tête plus faible, d'âme plus timorée, de croyances religieuses plus futiles. Ma poltronnerie était une fièvre dont nulle logique ne pouvait me guérir;

elle résistait aux exhortations du prêtre, aux larmes de ma mère, aux flatteries, aux menaces, aux châtiments. J'avais peur de la chouette, dont le cri me donnait le délire; j'avais peur de la sorcière, du loup, du serpent, que je voyais, la nuit, enroulé au pied de mon lit ou sous mon traversin; j'avais peur des ténèbres, du son des cloches; et, au premier roulement du tonnerre lointain, je me jetais à genoux; ma peau, glacée, se perlait d'une sueur âcre, et mes signes de croix auraient fait honte aux bras du télégraphe annonçant aux provinces attentives l'incendie d'une capitale.

Un Maltais me guérit : un coup de sabre fit le miracle. Je reçus un démenti public: j'en demandai raison. Je descendis tout tremblant dans un fossé de la ville; je donnai une vigoureuse estafilade : on vanta mon courage; les jeunes et belles filles de Perpignan me sourirent avec intérêt. Je me crus un héros, et je devins, par vanité, un détestable adolescent, un véritable ferrailleur; j'avais alors dix-huit ans.

Passons, et tâchons d'oublier; courons devant nous avec la rapidité de la foudre, car la mémoire est le don le plus fatal que Dieu ait fait à l'homme taillé sur mon modèle. Dépouillons ce front bruni de ses cheveux noirs et pressés; voilons ce regard, naguère si chaud, d'un crêpe funèbre, et, couronné de neige, arrivons au moment où, comme aux jours de ma jeunesse, on disait de toutes parts : « Il est fou. »

Le mot *Californie* retentissait d'un bout de l'Europe à l'autre : les coffres béants avaient leurs poitrines oubliées ; le pauvre, à l'âme ardente, acheta des châteaux, et la jeunesse, avide d'émotions, franchit les océans, pour s'assurer si les merveilles des Pizarre, des Cortès et des Colomb se renouvelaient sur le sol qui les avait vues naître.

J'avais parcouru, j'avais exploré, j'avais étudié, on le savait çà et là ; on vint m'interroger la nuit, le jour, à toute heure : curieux désœuvrés, spéculateurs avides d'or, spéculateurs avides de renommée, assiégeaient ma demeure, et voulaient connaître ma pensée sur les épopées qui ne manqueraient pas d'agiter les nouveaux États de l'Union. Je répondis à tous, je dis à tous la vérité : les feuilles publiques répétèrent mes paroles sans les contrôler, et une douzaine d'hommes bien déterminés résolut une expédition pour la Californie.

Me voilà sérieusement engagé ; j'avais dit : *Partez !* je me hâtai d'ajouter : *Partons !* et, dès ce moment, le noyau grandit comme l'avalanche pyrénéenne.

Le courage a sa contagion : si j'avais voulu,

j'aurais formé une légion d'*Aragonautes* de plus de trois mille hommes ; mais les navires ont leurs exigences, et *l'Édouard,* tout large et tout élevé qu'il est, ne pouvait se grandir au gré de chaque ambition.

Cependant on disait en bien des endroits,— les poltrons sont si sots et si bavards ! — on disait, assez à voix basse pour que je pusse l'entendre : « Il ne partira pas. »

J'en appelle à vous tous, mes amis ! ai-je hésité un seul instant? M'avez-vous vu ébranlé dans ma résolution première? N'ai-je pas lutté de toutes les forces de ma conviction contre les premières difficultés de l'entreprise?... Je vous avais dit : « Je serai des vôtres ; » vous avez cru en moi ; merci !

Me voilà maintenant dans une boîte de soixante-cinq centimètres de large, sillonnant l'Atlantique du nord au sud. Au-dessous de moi, dans un tiroir comme le mien, dort, pense, jase et siffle un jeune homme, Saintin-Baudry, bon comme la fraternité, joyeux comme la chanson, courant après la fortune qu'on lui a volée, mais ne voulant la reconquérir qu'à l'aide des plus nobles moyens : le travail, la probité, l'intelligence.

J'aurai sans doute l'occasion de vous parler encore de lui ; j'aurai bien des choses à vous dire aussi de nos autres camarades, aujourd'hui abattus de nouveau par le mal de mer... La campagne commence ; encore deux ans, elle sera close... Que d'événements d'ici au dernier jour, surtout si les bruits qui nous arrivent à travers les Cordillères sont un fidèle écho des drames californiens !

Dans tous les cas, ils ne nous épouvantent pas plus ce matin qu'ils ne l'ont fait lorsque chez nous on nous représentait le pays aurifère sillonné de longues rigoles de sang. Au contraire, en présence du péril notre confiance s'accroît, et il nous semble, comme aux premières conquêtes américaines, que rien là-bas ne pourra s'opposer à notre invasion toute pacifique.

Je comprends l'hésitation en présence du péril, j'admets la pusillanimité quand l'obstacle se dresse imprévu avec toutes ses menaces ; mais, dès qu'un parti est arrêté, dès que le glaive est tiré du fourreau, dès que le Rubicon doit être franchi, oh ! alors toute crainte me semble une tache dans la vie.

La poltronnerie est un malheur, la lâcheté une honte, et ce n'est pas à ma fougueuse caravane qu'on jettera une sanglante épithète à la face.

J'aime à voir, dans les causeries du pont, les moins téméraires se retremper dans les crâneries des autres, et vous ne sauriez croire combien il y a de piquantes études à faire au choc de ces luttes quotidiennes, où la terreur se traduit souvent par une bravade gasconne, et où l'indécision de la parole donne un comique démenti à la forfanterie de la pensée.

En général, les tueurs tuent peu, et il n'est pas rare de les rencontrer, au milieu des cités, en présence des cadavres très-bien portants dont ils ont peuplé les cimetières.

Les choses ne se passent pas ainsi parmi nous; s'il y a des courages qui dégradent, il est des peurs qui n'enlèvent rien à la dignité. Quelques-uns se sont fait dire au départ les dangers de la croisade, plus encore pour se familiariser avec eux que pour les fuir, et je ne serai pas surpris de les voir en tête de la colonne, alors que se dresseront devant nous les poumas, les crocodiles, les serpents à sonnette, les Peaux-Rouges et la nostalgie, le plus redoutable, le plus cruel, le plus dévorant des fléaux qui poursuivent l'explorateur des régions lointaines.

Ce qui me plaît, ce qui m'amuse surtout dans ces débats où les caractères se dessinent souvent sans le vouloir, c'est l'impatience des moins audacieux. Il leur tarde d'entrer en lice avec le jaguar aux allures si souples, ils ont hâte de s'assurer si la balle des Peaux-Rouges va droit et vite au but, et je suis sûr que, dans la prévision de leur triomphe, ils ont déposé aux pieds de leur famille enivrée les glorieuses dépouilles conquises aux bords du Sacramento. Alerte, mes amis ! nous allons bientôt nous voir à l'épreuve ; chacun de nous sera le premier au péril, nul de nous ne s'y présentera le dernier, et nous nous ferons la part si belle, qu'au retour, les jeunes filles de la grande capitale se disputeront un regard de votre prunelle, une pensée de votre cœur.

— La charité au pauvre Bélisaire, s'il vous plaît !

---

### PORTRAITS. — CURET.

— Le français du capitaine. — Bourges le gabier. — Nos quatre matelots. — Ouistiti. —

---

Je l'ai commencé, je l'achève ; les choses incomplètes ne sont pas de mon goût.

A son accent, vous ne croiriez jamais qu'il est de Paris, et vous auriez raison. A sa prononciation grasseyante et gutturale, vous jureriez qu'il est né à Toulon ou à Marseille... et vous auriez raison une seconde fois. Le type est là, parfait, victorieux de toute éducation, rétif à tout professorat, indocile à toute note musicale.

## PORTRAITS.

Il y a des hommes qui naissent Provençaux, Catalans, Picards, Normands ou Bretons, blonds ou bruns, comme le chou naît chou, comme la ciboule naît ciboule, le polype polype, et le madrépore madrépore.

Dieu est grand et puissant, qui osera le contester? Eh bien! je le défie de faire qu'un bâton n'ait pas deux bouts, et que Curet ne soit plus Curet.

Certes, notre capitaine au long cours sait passablement son métier; il a navigué beaucoup, et s'est trouvé dix fois dans les positions les plus difficiles; je l'ai entendu causer physique, astronomie, économie sociale, avec un tact à défier un crétin du Valais.

Malgré tous vos efforts, en dépit de l'harmonie des mots, fidèles traducteurs de celle de la pensée, vous ne parviendrez pourtant pas à lui faire prononcer certaines syllabes, certaines finales, autrement que ne les lui ont montrées sa nourrice, le charron du coin ou le dragueur de la plage.

Curet dit :

— Un triangue culatéral. — Je t'appelle à toi. — Voyons voir. — Il y en a des bonnes femmes. — Nous avons beaucoup de la toile à l'air. — Passez-moi mon cuiller. — Un bocau de sardines. — Nous voici dans d'hureuses dispositions déju-

natoires. — On se croirait dans un tour de Babel.
— Il se promène seul sur le bord de mer. —
Aussi près de vous comme de moi. — On se rappelle de cela. — Transvesti en matelot. — La
longanimité du voyage. . . . . . . . .

Et mille autres choses et mots habillés fort pittoresquement, au milieu de la conversation la
plus rapide.

Je n'ai pas encore demandé si le capitaine Curet
gesticulait ; mais j'ai entendu quelques-uns de ses
mouvements sur la table, et j'ai dû conclure que
le meuble boitait un moment après. Au reste, il
est Levantin, il a été matelot, il est vif, pétulant,
il navigue depuis plusieurs années, il se trouve
pour la première fois entouré d'une cinquantaine
d'hommes avides d'émotions, il sait qu'on l'écoute,
il ne comprend pas les difficultés de la langue;
donc, il doit beaucoup parler et surtout gesticuler.

Le style est le vêtement de la pensée, le geste
en est le glaive : Curet est armé de pied en cap.

Jusqu'à ce jour il n'a sillonné que l'Atlantique
et la Méditerranée ; que sera-ce donc lorsqu'il
aura doublé le cap Horn, qui a vu tant de désastres ?

Oh! alors les mots n'attendront pas les mots,
les phrases absorberont les phrases ; ce sera, je
vous l'atteste, un cataclysme de sons disparates,

se croisant, se heurtant, s'entrelaçant les uns les autres, de telle sorte que tout ce qu'on pourra se rappeler, ce sera le bruit, le bruit privé de sens, d'harmonie et de contrastes... Le chaos est une bien triste chose!

Sous un ciel d'azur, sur une mer joyeuse, Curet est d'une impertinence toute provençale; c'est lui qui a nivelé les flots, c'est lui qui a pailleté l'éther de ce magnifique diadème que l'Océan reflète avec tant d'orgueil; c'est lui, lui seul, dont la parole a dit aux vents: Soufflez réguliers et courtois! Jéhovah, Neptune, Jupiter, n'ont jamais eu la puissance de Curet debout sur son banc de quart et le front coiffé de son chapeau d'une forme et d'une saleté mythologiques.

Mais, aussitôt que la rafale gronde, dès qu'un point noir se dresse à l'horizon, porteur de bruyantes nouvelles; dès que l'intelligent baromètre descend pour annoncer une visite importune, oh! alors, Curet n'a qu'une note dans la voix, note stridente, cuivrée, terrifiante; vous diriez le feu à bord, le navire entr'ouvert, le faux-pont envahi, l'équipage à sa dernière heure... Je ne sache pas de beffroi plus lugubre, de tamtam plus usurpateur, de rauquement de tigre plus menaçant que Curet, à l'approche du nuage charriant l'averse ou la rafale dans ses flancs orageux.

— En haut, à prendre deux ris!

C'est le taux ordinaire, jamais un seul; Curet veut presque toujours deux ris aux huniers, et quand la manœuvre est exécutée, elle demeure fixe, quoique vous puissiez aisément livrer à l'air les voiles les plus élevées.

Je propose au titre honorable de *Pain-Sec*, par lequel Curet est désigné, de substituer celui de *Double-Ris*, qui pèse un peu moins sur sa conscience.

J'en étais là.

Un homme entre dans ma cabine, et me tend une main calleuse.

— Voilà, dis-je, des mains façonnées au travail.

— Et un cœur habitué à vous aimer, me répondit-il d'une voix émue.

— Tu me connais?

— Beaucoup.

— Où m'as-tu vu?

— Ici, là, près et bien loin, partout; car j'ai fait le tour du monde avec vous.

— Ton nom, ton nom?...

— Bourges, gabier à trente-six.

— Je n'ai garde de t'avoir oublié, mon brave camarade, et je te remercie de la joie que tu jettes dans mon âme! Quel est ton poste ici?

— Je suis maître d'équipage.

— Mes lèvres tutoyaient le matelot, mon cœur tutoiera le maître.

— Lèvres et cœur, M. Arago, je vous en supplie !

— Soit, mon ami.

*L'Édouard* a sur son bord, pour maître d'équipage, un homme intrépide, un rude gabier, qui se souvient de son premier état ; une âme généreuse qui souffre avec calme, qui souffre et présente la main à celui qui implore.

Les matelots déjà ne parlent de Bourges qu'avec amour ; pourquoi ? C'est que, s'il est des hommes qui font naître le mépris, il en est d'autres qui inspirent la tendresse, et Bourges est de ceux-ci... Je ne le quitte pas encore.

Cheminons :

Le drame qui va se jouer à San-Francisco, et peut-être même jusqu'au delà des Montagnes Rocheuses, occupera bien des mains, car il embrase bien des têtes. Il n'est pas de cerveau d'où ne s'échappent à flots pressés de vastes richesses, et je ne connais pas de pauvre hère en haillons qui n'achète d'avance des châteaux et des palais pour sa famille, aujourd'hui mendiante.

Sur tous les navires du monde, les projets de désertion sont à l'ordre du jour : on ne veut arriver que pour ne plus revenir ; on dédaigne la gaffe, la bouline, le tolet, l'aviron, pour le pic, la bêche ou la pioche, et comme il ne faut pas une grande intelligence pour arracher les pépites aux rochers qui les retenaient captives, il est évident que les plus forts, les plus patients, les plus aguerris contre l'intempérie des saisons seront un jour les plus riches, et qu'ils le seront bien plus tôt que les autres.

Mais traduisons à notre barre les braves jeunes hommes qui m'entourent.

Ceux-ci, voyez-vous, sont taillés tout d'une pièce : leurs paroles disent les faits, elles n'ont point de masque, elles ne cachent rien : oui c'est oui, non c'est non : leur bord est une détestable baraque, leur lieutenant un brutal, et leur capitaine... passons, j'en dirais trop.

Ils sont si peu nombreux autour de nous, ces hommes de travail et de misère, qu'une étude sera facile, et que je ne cours pas risque de m'égarer au milieu de la diversité des caractères. Mes gaillards, d'ailleurs, ne se donnent point la peine de se déguiser ; ils sont ce qu'ils sont ; ils auraient tout à perdre à l'hypocrisie, qui est une occupation de chaque minute, et leur vie est si complètement employée, qu'ils n'ont pas même un instant pour la plainte, à moins qu'ils ne l'exhalent en serrant une voile ou en pesant sur une drisse.

Nos matelots ont de vingt-cinq à trente-cinq

ans; l'un d'eux, le plus âgé, je ne dis pas le plus faible, en a quarante-quatre, dont vingt-trois passés à la mer, c'est-à-dire entre les privations et la douleur. Il parle de ses courses avec plaisir, mais sans forfanterie; il a débuté comme matelot, et s'il navigue encore, c'est qu'il a chez lui, pleurant à son adieu, souriant et priant à son retour, une femme et des enfants auxquels il apporte, après chaque voyage, la totalité de ses bénéfices.

Il y a de la joie au foyer, l'enfant sourit à l'ordre du départ qui frappe le père, et la mère est heureuse d'ajouter à sa garde-robe une jupe en bouracan, dont elle se parera le dimanche à la promenade et à l'office divin.

Quant à la jeune Rosette, qui a plus de seize ans, mais pas encore dix-sept, vous la diriez possesseur d'un *placer* californien, tant elle dresse fièrement sa brune tête sous son bonnet blanc, tant ses souliers sont fins et luisants sur les dalles du port.

Les enfants de Jérôme et de Rosette ne seront pas matelots; on les fera charrons, menuisiers, droguistes s'il le faut, mais ils ne quitteront pas le pays, qui n'est point assez peuplé, qui a besoin de travailleurs; et puis, le prêtre a dit : « La femme suivra son mari... » et un navire n'est taillé que pour les hommes.

On assure que le matelot est essentiellement ingrat, et qu'une fois à terre il oublie les bienfaits dont il a été l'objet spécial à la mer. Il me serait facile de prouver la calomnie de l'accusation, pour peu que je voulusse rappeler à ma mémoire la vie de presque tous mes compagnons de péril depuis ma première campagne; mais ils n'ont pas besoin que je les protége de ma parole, et ce que vous, MM. les accusateurs, appelez ingratitude n'est peut-être que l'exagération dont votre âme vaniteuse se pare à propos des services que vous avez rendus.

Faire du bien pour qu'il vous rapporte à vous-même, ce n'est pas là de l'humanité, ce n'est pas là de la bienfaisance; c'est de l'égoïsme, c'est de l'avarice, c'est quelque chose de triste pour celui qui reçoit, et de dégradant pour celui qui donne.

Si, jusqu'à présent, les jeunes caractères ne se sont pas franchement dessinés, c'est que la vague n'a pas mugi, l'éclair n'a pas déchiré la nue, le tonnerre n'a pas grondé dans l'espace, la trombe n'a pas tourbillonné près de nous... Attendons les épreuves.

Quatre matelots, pas plus.

Les autres sont des hommes comme vous et moi. Ceux-là sont des types, des exceptions, des torses à disséquer, des crânes à interroger. Lorsque l'œil se repose sur eux, il ne les quitte pas;

lorsque la pensée fouille dans leur pensée, elle cesse d'être vagabonde, elle médite.

Le premier de ces flambards, c'est Blin, carré par la base, carré par la cime; il rappelle l'Hercule Farnèse bien plus que le Milon de Crotone, car il est calme et posé, le demi-dieu.

Blin est beau, basané, un peu olivâtre; il a de l'Espagnol et de l'Arabe. Peut-être est-il né dans l'Alhambra; j'ai oublié de le lui demander, mais je comblerai cette lacune; il est en ce moment au Bengale, je vais me mettre en route pour m'assurer du fait. Blin est le plus adroit de nos hommes pour prendre des ris, des pétrels et des requins. Trente lignes sont à la traîne, cinquante oiseaux affamés voltigent autour, et semblent se moquer des chasseurs impatients : la ligne de Blin tombe à l'eau... voici un cordonnier, un squale, un damier à bord; ils ont voulu connaître Blin; toute curiosité est coûteuse; celle-ci est payée bien cher.

Il y a deux jours, Blin essayait ses forces contre le charpentier; j'entendais un marteau qui tombait sur une enclume. La lutte fut courte.

— Marchais, d'héroïque mémoire, gare à toi, si jamais Blin te trouve sur son passage! Gare à toi, Blin, si Marchais apprend, là ou là, que j'ai osé te comparer à lui!

— Tu ne veux pas de vainqueur, ô Blin de

*l'Édouard*; tu ne veux pas d'émule, ô Marchais de *l'Uranie!* Quel choc que celui qui naîtra de votre rencontre! Blin, j'ai peur pour toi!

Voici Jean-Marie Petit, causeur, conteur, rieur, rageur, hâbleur. Une menace de Jean-Marie est un coup de sabot; ses pieds, ses mains ne gesticulent pas; ils parlent, ils sont éloquents, ils persuadent.

Jean-Marie a la prunelle bleu d'azur; le reste est bitumineux. Dans le gros temps, Jean-Marie vaut Blin pour voler aux empointures ou serrer un hunier; dans les heures de calme, il conte mieux, on l'écoute davantage; il en est fier, il use de son droit, et vous croiriez lire les pages d'un livre écrit par Paul-Louis Courier. Jean-Marie est philosophe, c'est bien; il ne s'en doute pas, c'est mieux.

— Eh bien! lui dis-je hier, tandis qu'il était à la barre, la brise refuse, et ne veut pas que nous avancions.

— Laissez donc, me répondit-il, la brise est femelle : elle changera; elle ne mouille pas, elle ne jette pas l'ancre... L'image sent la mer à dix lieues à la ronde.

Qu'est Jean de Dieppe? Écoutez-le, il vous dira qu'il a été armateur, et cela parce qu'il a possédé un tout petit canot avec lequel il allait, dans les criques de son pays, à la pêche de la sardine. Mais les révolutions, qui ont bouleversé tant de fortunes, n'ont pas épargné la sienne, et le brave homme a repris le collier de misère, aimant mieux mourir au travail que de faim.

Je ne sais pas pourquoi cet homme-là s'appelle Piquet : Poteau lui convient mieux, beaucoup mieux. Il est rond comme une tonne, et Jean-Marie, qui l'aime, assure qu'on se plaît à *faire cercle* autour de lui ; Jean-Marie, crains la contagion du calembour !

Et moi qui l'oubliais !... pauvre et chétive créature, jetée là comme un enfant abandonné sous le porche d'une église ! Je n'étais pas seulement étourdi, mais coupable, méchant : car, à ceux qui souffrent, nous devons tendre une main secourable, si nous voulons qu'on ait également pitié de nous un jour.

Il y a un mousse sur *l'Édouard*, un seul. Son nom ? Je ne sais ; chacun le baptise à sa façon, chacun le dote d'un sobriquet, et si cela continue, l'oublié du Ciel ne saura pas même si on lui a jeté, un matin, un peu d'eau sur le front.

En arrivant à bord, ces messieurs me l'ont amené ; il était chétif, honteux, malingre ; il ne répondait que par des monosyllabes aux ordres qu'on lui donnait ; mais il ne répliquait rien aux soufflets, aux coups de pied qu'on lui administrait à chaque instant sous forme de vocabulaire.

Ainsi se font les premières éducations à bord de *l'Édouard*, de si sobre mémoire.

Aujourd'hui, Fanfan, Rigolet, Chonchon, Casquette, a perdu sa gaucherie; les vergues, les mâts, les grains, les souliers ferrés lui ont donné de la souplesse, de l'élasticité, de la crânerie. Son œil parle encore plus que sa bouche, il jase assez correctement, et quoique la dose des claques n'ait pas sensiblement diminué, le drôle, que j'appelle Ouistiti, ne s'en émeut pas trop. Elles arrivent comme les rations de biscuit et de haricots, et les heures cheminent, et les mois courent, et les années suivent leur marche, et un beau jour Ouistiti s'éveillera matelot à trente.

Ne cherchez pas autre chose à bord de *l'Édouard*, là est tout son personnel, tout son équipage. Que les grains arrivent, que les tempêtes se dressent, et nos quatre ou cinq ou six gaillards leur feront face. Trente francs gagnés au milieu des tempêtes, comme c'est beau! comme Dieu a bien fait de lancer mon Ouistiti sur cet océan de misères!

Hier, je passais sous la benjamine, et j'entendis près du charnier de longs éclats de rire. Ouistiti riait!!!

— Qu'as-tu, mon garçon? lui dis-je, en lui présentant amicalement la main qu'il n'osait pas serrer.

— Oh! monsieur, me répondit-il en se tenant

les côtes, il ne faut pas m'en vouloir, je ne suis pas toujours aussi adroit ! mais je viens de jouer au lieutenant une farce impayable, que je crains bien pourtant de lui payer cher plus tard.

— Voyons, conte-moi ça.

— Volontiers. Tout à l'heure, une rafale fondait à bord. — *Range à carguer les huniers,* s'est écrié M. Boucher. Il paraît que je n'allais pas assez vite, puisqu'il s'est élancé sur moi comme la rafale susdite et que, selon son habitude, il a voulu m'administrer dans le ventre un grand coup de talon ; mais, voyant l'affaire, je me suis retourné, et j'ai reçu l'atout autre part... Je suis sûr qu'il marronne comme une brise nord-ouest.

Quelle joie que cette joie !

Si je ne vous ai pas dit un mot de Comignan, le lieutenant du navire, c'est que j'étudie l'homme, qui me paraît un contraste, mais où les bonnes qualités dominent... Il aura son tour... J'aime mieux penser à Ouistiti.

Pauvre Ouistiti ! tu ne recevras de moi ni taloches au ventre ni taloches autre part ; mais quand tu glisseras le long de ma cabine : Toc, toc, heurte, mon enfant, il y a toujours là un morceau de pain, du fromage, un sourire, une pression de main et une oraison pour celui qui prie et qui travaille.

## QUI S'Y SERAIT ATTENDU?

— Encore Aménaïde. — Le frère et la sœur. — Une anecdote. —

C'est encore elle qui vient me chercher et me prendre par le bras; sa main se repose avec plus de confiance sur la mienne, et puisqu'elle se fait provocatrice, je puis bien me faire indiscret à mon tour. Aussi je commence l'assaut :

— Voyons, mademoiselle, contez-moi tout; j'écoute comme si vous n'aviez plus rien à me cacher; je recueille avec distraction, avec nonchalance, afin que vous osiez sans regret : un crime, je vous absous; une faute, je vous pardonne... Pénitente, à genoux devant votre confesseur.

— Non, debout, car je n'ai point de crime à expier; le front haut, car nulle faute ne pèse sur ma conscience.

— Le sage pèche sept fois, mademoiselle.

— Les livres saints ne font point de mensonges, monsieur. Le sage est-il des deux genres?

— Dans ce cas-ci, non; car la dose eût été doublée au moins s'il se fût agi de la femme. Parlez sérieusement, poursuivis-je d'un ton d'impatience qui ne dut pas échapper à mon interlocutrice. Ou vous allez tout me dire à l'instant, sans retard, sans préambule, ou je refuse de vous entendre.

— Eh bien ! soit, dit Aménaïde en prenant son courage à deux mains. Vous voyez en moi une triste victime de la passion la plus ridicule du monde, parce qu'elle ne peut être satisfaite. J'avais un jeune frère dans un pensionnat de province, tandis que moi, près de ma mère, à Paris, j'étudiais ce que ne peuvent ignorer sans honte les filles destinées, par leur naissance ou leur fortune, à jouer un certain rôle dans le monde. Par je ne sais quel jeu dont je devais cruellement expier le caprice, ma mère, si prévoyante jusque-là, m'apprit un jour qu'un de mes cousins devait venir passer l'hiver auprès de nous. Il vint, j'avais seize ans, il en avait dix-huit...

— Je vois le danger.

— Vous ne le voyez pas, monsieur ; j'aimais... mais ce cousin, c'était... mon frère.

— Cela se dramatise, poursuivez.

— Ma mère mourut, j'entrai au couvent ; puis, fatiguée du cloître, où l'on a trop de temps pour la pensée, je partis pour l'Angleterre ; j'y fus malade ; mon frère vint m'y entourer de ses soins, et je retournai en France moins guérie que jamais.

— Pauvre enfant !

— La pitié console, merci.

— Vous ne m'avez pas dit les sentiments de votre frère pour vous.

— Il souffre.

— Sait-il votre départ pour la Californie?

— Ce matin seulement je me suis aperçue qu'il m'avait accompagnée. Il est là-bas, près du beaupré, bien pâle.

— Pourquoi?

— C'est que je lui ai dit tout à l'heure que si quelqu'un à bord se doutait de notre situation réciproque, j'en finirais avec la vie.

— Dans quel but alors m'en faites-vous la confidence?

— Je peux rougir et pâlir devant vous.

— Votre présence ou la sienne est de trop ici; que ferez-vous?

— Je compte débarquer à Valparaiso.

— Et s'il débarque avec vous?

— Tenez, monsieur, les lois sont souvent moins absurdes encore que cruelles; on est homme ou femme avant tout.

Aménaïde me quitta brusquement, et je résolus d'éviter à l'avenir les confidences du frère et de la sœur, dont la Californie verra les cendres unies dans la même tombe.

Eh! bon Dieu! je voudrais bien ne pas vous faire partager mes doutes sur la nature et la valeur des sentiments de cette femme destinée peut-être à occuper un jour l'attention publique ; mais, lorsque je compare sa tristesse d'aujourd'hui à sa gaieté d'hier, je me demande si le mensonge n'est pas plus dans son cœur que sur ses lèvres. On a beau feindre la joie, tout est triste dans la vibration des paroles, alors que l'âme pleure et souffre. Et puis, je ne sais, mais il me semble que certaines douleurs se guérissent plutôt par le mystère que par la révélation.

Franchement, je ne tire plus vanité de mon privilége, et c'est sans le moindre scrupule, sans le moindre repentir que je traduis à haute voix ma pensée.

Je sais que Montaigne a dit quelque part : « *Êtes-vous malheureux? Plaignez-vous. On ne vous écoute pas? Plaignez-vous encore. On vous repousse? Plaignez-vous toujours.* » Il me semble, en effet, que plus la douleur est emprisonnée, plus elle doit se faire violente et corrosive ; mais ne trouvez-vous pas, comme moi, qu'il y a parfois du charme dans la tristesse et que l'isolement est une consolation ?...

Décidément Aménaïde a tort à mes yeux, et je ne lui pardonne pas plus les efforts de sa triste gaieté que ceux de sa folle tristesse.

Oh ! si elle avait cru, en montant sur *l'Édouard*, jeter un mur d'airain entre elle et le monde, j'aurais des paroles de clémence pour sa résolution ; mais elle connaissait d'avance le tourbillon au milieu duquel sa vie allait s'agiter.

Dans le paroxysme de nos sentiments, les extrêmes nous paraissent rapprochés ; nous prenons la déraison pour la logique et les impossibilités pour des faits accomplis...

Aménaïde a-t-elle rêvé un avenir de calme, sinon de bonheur, avec un Peau-Rouge, dont elle se serait faite d'avance la compagne légitime ? Oh ! dans ce cas, je l'absous de mes deux mains levées sur sa tête ; mais les Peaux-Rouges ont trouvé muette l'ambition d'Aménaïde : la jeune fille ne veut pas plus de la vie des forêts que de celle des Montagnes Rocheuses ; elle parle de fêtes parisiennes, de bals, de promenades, de festins au milieu de ses compatriotes ; et puisque je suis en veine de franchise, j'ajouterai que je me sens blessé profondément de la voir ce matin placer sa pudeur sous la protection de nos vêtements d'homme.

Oui, sans doute, le bord a ses périls pour la femme qui doit, en certaines circonstances, braver les vents qui font du navire leur esclave ; mais ne convenez-vous pas avec moi que la chasteté n'est pas dans le costume, et qu'on est souvent plus voilée par une gaze que par un manteau ?...

Je n'accepte pas votre démenti.

Voyez la Vénus de Médicis... Jamais homme, jamais femme, jamais adolescent, jamais jeune fille n'ont rougi en la regardant... Eh bien ! placez-lui une jarretière, et la nudité de la déesse fera taire l'admiration, et vous aurez ouvert la tombe à une immortalité.

Décidément, *Monsieur Aménaïde* ne m'inspire plus aujourd'hui qu'un médiocre intérêt : peut-être la tempête lui rendra-t-elle toute sa puissance compromise.

Je vis pourtant dans cette croyance, que la femme qui se fait homme n'est plus femme, et que l'homme qui voudrait être femme n'est plus digne d'être homme... Au surplus, hier encore j'aurais douté de la lucidité de ma pensée, que je l'accepterais aujourd'hui dans tout ce qu'elle a de positif. Jamais Aménaïde n'a été plus déshabillée que depuis qu'elle est vêtue : l'analyse la dissèque, les langues deviennent un scalpel ; et si vous connaissiez les Fournier, les Lattellin, les Rouhaud, les Halouze, même les imberbes Bouvet et Crespel, vous diriez comme moi à la farouche Aménaïde : « Hâtez-vous, hâtez-vous, coiffez-vous d'un bonnet, jetez au loin ce hideux pantalon, et montrez-nous vos épaules, si vous tenez à ce qu'on ne les voie pas ; en un mot, redevenez femme, pour peu que vous mettiez un prix à nos hommages et à nos égards. »

Puisque je suis en train de causer et de moraliser, permettez-moi une petite anecdote dont l'à-propos vous édifiera ; vieillesse est radoteuse, j'ai plus de cinquante ans, et mon front est couronné de frimas.

J'ai déjà fait le tour du monde avec une femme svelte et jolie comme une vignette de Johannot... Paix à elle, paix à l'amie énergique que les flots ont respectée et dont le choléra fit sa victime à Paris !

Nous en étions à notre première relâche, les courants nous avaient forcés de jeter l'ancre dans la rade de Gibraltar, ce rocher de granit dont les flancs crénelés cachent tant de boulets et de canons.

Lord Don commandait la place ; lord Don, c'est-à-dire l'Anglais le plus roide, le plus compassé, le plus froidement amical qui ait jamais vu le jour dans les trois royaumes unis ; lord Don qui ornait ses salons de tableaux de chiens et son antichambre de beaux portraits de ladies, peints par nos plus grands maîtres...

L'état-major de *l'Uranie* crut lui devoir une visite, et nous allâmes saluer Son Excellence, qui nous reçut en véritable gentilhomme et nous invita tous à dîner pour le lendemain.

Madame Freycinet était avec nous, sous une

coquette redingote d'homme, et, tout Anglais qu'il était, lord Don avait remarqué la charmante physionomie de notre compagne de voyage.

— Monsieur est-il aussi officier du bord? lui demanda-t-il de sa voix la moins éraillée.

— Monsieur est ma femme, répondit notre commandant, qui voyait le rouge monter au front de sa moitié.

— Ah! ah! fit le gouverneur avec une grimace dont un bouledogue pure race aurait envié la gracieuseté; ah! ah! ce monsieur, il est une dame; j'en suis enchanté fort beaucoup!

Puis, par réflexion, il ajouta d'un ton comiquement solennel:

— Jé aurais eu grand honneur à posséder vous dans mon grand dîner de demain, mais mon coq il était à mon maison de campagne, et je ne sais quand il reviendra.

Nous sortîmes assez humiliés qu'un vêtement d'homme nous fît manquer un excellent dîner.

Lord Don ne crut pas à la légitimité des nœuds de M. et madame Freycinet.

Et nous, Aménaïde, devons-nous vous croire sur parole, quand vous nous assurez que vous êtes la sœur d'Ernest Muller? Prenez-y garde, belle brune, il est des cas où le doute seul est une offense, et la Villette, qui vous entoure dans l'entre-pont, ne demande pas mieux que vous lui offriez une excellente occasion de vous respecter.

De nos jours, jeunesse est élevée dans la crainte de Dieu et des jolies femmes, qui tiennent, vous le savez, de la nature du chat... Cela n'a pas besoin de preuves, cela *saute aux yeux*...

Décidément, qui êtes-vous, mademoiselle ? J'ai parié pour, mon secrétaire parie contre ; peut-être avons-nous raison tous deux...

Tenez, en dernière analyse, j'aime mieux parier contre, puisque mon adversaire parie pour.

---

### REGRETS.

— Les couchers de soleil. — Des bonites. — Des dorades. — Un requin. — Entre deux eaux. — Ce qu'on trouva dans le requin. —

---

Ils sont là, hommes et femmes, jeunes et vieux, accoudés au bastingage, le cou tendu, l'œil avide, poussant des exclamations et traduisant leur enthousiasme par les gestes, par la voix, par le délire.

— Que c'est beau ! que c'est grand ! que c'est majestueux ! quelle puissance que celle du Créateur !

Silence! écoutez : il y a là-bas des cités, des forteresses, des créneaux ; il y a sans doute aussi des combattants, du bronze, du canon... Silence ! nous allons entendre le cliquetis des armes, le choc des escadrons, le fracas de l'artillerie... Écoutons.

Silence encore ! car voici des plaines à fatiguer le regard, des montagnes avec leurs pics osseux, des forêts avec leurs troncs séculaires...

Silence encore ! c'est une musique divine que celle des solitudes, et son harmonie vous pénètre par tous les sens.

Silence toujours ! car, à l'horizon qui se rétrécit, vous pouvez distinguer des volcans en leur jour de colère, des fleuves de sang, des lacs de bitume, des océans de lave... partout du feu, des flammes, des gerbes vacillantes comme celles d'un incendie ; partout des brasiers ardents, partout des fournaises.

Oh ! regardez bien encore, c'est à lasser l'admiration...

Les flammes rouges deviennent bleues, le bitume est violet, la lave pâle et terne... Plus de remparts, plus de citadelles, plus de volcans, plus de lacs bouillonnants... Ce sont les nuages lourds et massifs se balançant avec une molle majesté au-dessus des flots ; ce sont des vapeurs denses, grisâtres, terreuses, dont s'emparera tout à l'heure la rafale, et qui vont ouvrir leurs cataractes sur le navire en péril.

Ils voient ces magiques tableaux, ces imposants couchers de soleil, tous ces hommes que je conduis par la main à travers les mers et les continents ; ils poussent au ciel leurs émotions longtemps comprimées par la grandeur même du spectacle qui les éblouit et les tient en haleine.

Moi seul, moi seul, hélas ! je ne vis que dans mes souvenirs, et je me demande si le châtiment de l'aveugle n'est pas plutôt dans la lucidité des autres que dans la cécité.

Je ne me suis pas trompé : les ténèbres sont *un châtiment* plus qu'*une douleur* ; mais alors, qui me l'inflige et quel est mon crime ?... Une mère a tant prié pour moi, que je devrais être absous !...

Déjà, la veille, je les avais entendus s'écrier :

— Alerte ! voici des bonites, voici des dorades... vite, vite, une fouane, elles se jouent sous le beaupré, nous dînerons bien.

Et tous s'étaient élancés, et ils suivaient les évolutions de ces habitants des eaux qui, dans leur vol rapide, se plaisent, sans se lasser, à faire le tour du navire, filant huit à dix nœuds à l'heure.

Ils étaient là, perchés sur la civadière, la main en l'air, le filin au bras, comptant sur une victime... Mais le poisson était reparti, ses nageoires infatigables l'avaient porté à l'horizon, et tous se disaient les magnifiques manœuvres, les milliers de nuances de leurs ennemis échappés au fer tridenté, en se promettant une revanche pour le lendemain.

Seul, j'étais immobile; seul, je n'admirais que dans le passé; seul, je ne devais pas avoir de joyeux lendemain !

Des frégates avaient également glissé le long du bord... des frégates lilliputiennes, mollusques rosés, violacés, bleus, orangés, orientés au plus près, dociles à la brise qui les caresse sans jamais les faire sombrer.

Les filets, bien lancés, s'étaient emparés de quelques-uns de ces êtres bizarres, et mes compagnons de voyage suivaient, avec une inquiète curiosité, la souffrance et l'agonie de leurs prisonniers, dont les derniers instants se traduisaient par de légers mouvements fébriles répétés coup sur coup, et par l'appauvrissement des brillantes couleurs qui les abandonnaient avec le souffle.

Seul encore, je me rappelais; seul, je ne faisais point partie du groupe attentif dont l'extase n'avait plus de limite au sein de tant de richesses, qui semblent avoir épuisé la pensée du Créateur.

Quand le requin guette sa proie sur l'arrière du navire, comme le loup près d'une bergerie ; quand la baleine fait siffler à l'air ses magnifiques cascades ; quand les poissons volants s'échappent des flots, semblables à ces immenses essaims de sauterelles dont les plaines africaines sont périodiquement infestées, et que l'équipage et les passagers, suspendus aux agrès, étudient tous ces jeux d'une nature si riche et si variée, moi seul, toujours seul, accoudé au cabestan, je me tais, et je cours après un monde éteint pour mes yeux à jamais déshérités de rayons.

Le paysan que Dieu a privé de la vue, alors qu'il commençait à comprendre la vie heureuse, celle du travail et de la probité, regrette son étable, sa montagne, son grand chêne, son potager de famille et le regard de sa mère... Moi, pauvre riche qui ai tout vu, tout exploré, tout étudié, je perds les magiques splendeurs qui ont fait mes joies, les opulences des climats les plus opposés ; je perds les archipels, les capitales, les royaumes, les empires où j'ai promené mes passions ; et, comme c'étaient là mes amours et mon orgueil, me voilà mendiant, non-seulement des trésors que vous possédez, mais encore de ceux que j'ai perdus.

Oh ! que le millionnaire aurait été plus heureux de n'avoir pas été millionnaire, alors que par un caprice du sort il se voit contraint à tendre une main au passant, et à demander son pain de chaque jour !

Taisez-vous, généreux insensés, qui me jetez à l'âme l'ivresse de mes beaux jours passés ! taisez-vous, car il vaut mille fois mieux n'avoir rien possédé que d'avoir tout perdu, quand l'espérance est morte, quand la science et la douleur se sont inutilement usées à la guérison !

J'avais pensé que loin de cette moderne Athènes où fleurissent les arts, où s'épanouit le luxe, fils du commerce, où trône la science, gloire des peuples, mes regrets seraient moins amers, mes tristesses moins profondes ; je m'étais dit que, puisque j'avais accepté la mission de guider dans des régions inconnues des jeunes gens avides d'or et de liberté, mes forces et mon énergie doubleraient à la tâche... J'avais été bien téméraire, et le découragement me saisit à la gorge, car je crains parfois d'être au-dessous de ma mission.

C'est que le calme le plus implacable nous cloue sous la ligne, c'est que d'intolérables chaleurs nous rendent mous à toute énergique résolution ; c'est que les tempêtes ne sont pas encore venues pour mettre nos forces à l'épreuve ; c'est que les muscles ne sont point nécessaires à qui nulle résistance n'est opposée, et que je ne comprends pas d'ennemi plus dangereux que celui qui ne veut pas combattre.

L'intelligence est-elle un bienfait pour qui ne peut la mettre à l'épreuve? Je ne le crois pas, et je suis, hélas! plus habile que vous à résoudre la question. Ne m'enviez pas mon privilége.

Penserai-je demain comme aujourd'hui? Je le crois, j'en suis sûr.

Rien n'annonce le mouvement, l'air est muet; le thermomètre, à l'ombre et sans réfraction, marque 55°; les navires que nous voyons à nos côtés gardent, comme nous, leurs positions, et nul indice ne nous dit que nous soyons près d'abandonner cette zone de feu qui nous écrase.

Ce qui fait notre vie rieuse ou sombre, c'est moins nous-mêmes que ce qui nous entoure, alors que notre cœur n'est pas gangrené par l'égoïsme; et, comme il me semble qu'un voile de deuil plane sur *l'Édouard*, je suis logique en nous souhaitant une tempête, au lieu de la torpeur dont nous sommes dévorés.

Tout changement est un bienfait quand le malaise nous domine; mais, hélas! on nous a ainsi charpentés, que, fort souvent, au cap Horn, nous enverrons bien des regrets aux jours si tristement monotones des tropiques.

Voici un requin, un enfant né depuis deux mois au plus. Il demande, le long du bord, l'aumône d'un morceau de lard ; on le lui jette par charité ; le gourmand le voit, s'élance, sourit, se retourne, ouvre la gueule, mord... et, quelques instants après, privé de sa queue et de sa tête où brillent à peine une douzaine de dents aiguës, il est confié au coq, qui va nous en faire une friture d'anguille : notre chef de cuisine est l'homme le plus habile du monde ! je lui vote une couronne.

Est-ce que le spleen m'abandonnerait ?... Est-ce que les vents alizés reprendraient demain leur allure chevaleresque ? Est-ce que des émanations du pays viendraient nous apporter leurs suavités patriotiques ?... Non, non, je ne suis pas de ceux qui voient le ciel sourire à leurs espérances ; me voilà de nouveau tout entier dans mes ténèbres, c'est-à-dire dans ma solitude, et je salue du cœur la brise qui se lève et paraît vouloir nous accompagner vers la *Croix du Sud*, dont les quatre branches rayonnent sur le beaupré de *l'Édouard*.

Encore le ciel en larmes ! les grains arrivent sans interruption, et, par malheur, des grains sans un soupir de la brise... Nous bivaquons entre deux eaux.

Quelques-uns des nôtres ne croyaient pas plus aux requins qu'aux sirènes ; aujourd'hui leur foi est ébranlée, car les matelots en hissent un deuxième sur le pont, requin sérieux cette fois, dont notre excellent maître d'équipage prend la taille et la dimension : il a six pieds de longueur.

Les bonites voyagent en bandes joyeuses, les baleines semblent se donner rendez-vous dans les mêmes régions ; les marsouins partent en bataillons serrés et franchissent les horizons comme les émigrants d'une famille unie ; les dorades, si brillantes, si coquettement diamantées, se réunissent pour la course, la joie, et, à coup sûr, aussi pour les amours ; les poissons volants changent d'élément comme vous changez de conquêtes et de passions ; le requin seul se promène solitaire sur cette grande route appelée Océan, qu'il parcourt comme le voleur explorant une capitale dans l'ombre, taciturne, l'œil ouvert sur toute proie et ne riant que du deuil des autres.

Eh bien ! je m'attriste à l'agonie de ce monstre qui meurt là, sans défense, dans un milieu qui l'étouffe, sans laisser derrière lui un regret, un souvenir.

Ainsi meurt le méchant dans les eaux et sur la terre ; ainsi doit mourir tout être qui n'a ni cœur au cœur, ni larmes pour les douleurs qui ne le frappent point.

C'est aujourd'hui dimanche, jour de gala ; que le requin soit le bienvenu !

Et maintenant que je vous dise que, deux jours avant, plusieurs officiers fort distingués d'un navire de Portsmouth qui faisait voile vers

Sydney, étant venus à bord, nous apprirent qu'ils avaient jeté à la mer une jeune femme allant rejoindre son mari au Port-Jackson.

Eh bien! dans l'estomac du requin on a saisi un canif, un lambeau de dentelle et une bague en argent.

L'entre-pont et la chambre ont trouvé le squale délicieux.

Pauvre Laborde, qui devais avec moi faire le tour du monde, je me rappelle, hélas! le douloureux adieu que tu nous adressas un jour, en quittant le Brésil ; je me rappelle aussi que tu te disais heureux d'aller embrasser bientôt ta famille à Maurice, où t'attendait une douce fiancée... Nous prîmes également un requin le lendemain de notre premier jour de tristesse, et l'un de tes bras nous dit que tu avais trouvé trois linceuls, la voile dans laquelle on t'avait cousu, le requin étendu sur le pont de *l'Uranie*, et cet Atlantique que nous sillonnons encore aujourd'hui, sans que la brise paresseuse semble vouloir nous en éloigner de sitôt.

Elle se lève, qu'elle soit la bienvenue!... Elle se tait de nouveau ; me voilà replongé dans mes regrets.

## RÊVERIES.

— Un navire à l'horizon. — La santé du roi. —

Un navire point à l'horizon, il monte, chemine, approche sous toutes ses voiles coquettement déployées ; il vient à nous, le curieux, nous allons à lui : deux amis courant l'un vers l'autre se sont bientôt rejoints...

Nous nous parlons, c'est lui qui nous interroge.
— D'où venez-vous?
— Du Havre.
— Le roi se porte-t-il bien?

Tout l'équipage se regarde ébahi. D'où vient donc, à son tour, ce sauvage trois-mâts? Était-il caché depuis bien des mois dans quelque îlot nouvellement découvert? S'est-il trouvé enclavé entre deux blocs de glace arrachés aux pôles? Des pirates malais l'ont-ils retenu captif dans leur archipel inhospitalier?

Stupéfaits, nous n'avons pas répondu à la question du trois-mâts, qui a repris ses allures, et nous nous sommes demandé de quelle santé de roi il s'enquérait avec tant de ferveur.

Qui sait? Peut-être est-ce d'un monarque

nommé Louis-Philippe, en exil aujourd'hui pour n'avoir pas voulu permettre à des hommes, ses soutiens de toutes les époques, de s'asseoir à un dîner d'enfant ?

Cela se pourrait bien, tant la curiosité est reine du monde, tant l'exil est chose sacrée pour quelques-uns, tant aussi la vieillesse inspire d'intérêt à certaines âmes !

Laissons s'effacer derrière nous, dans un épais réseau de brouillard, le navire aventureux ; et, à peine à notre départ, songeons aussi aux questions que nous adresserons un jour aux voitures ailées de cet immense Océan.

Nous aussi, nous demanderons avec anxiété des nouvelles, de la famille d'abord ; puis, laissant de côté les trônes éphémères, nous aurons hâte de savoir ce que seront devenues les royautés de tous les pays, les souveraines puissances de toutes les époques, les hommes de génie qui ont dit à la lumière : « Tu parcourras ce chemin, » et aux astres : « Vous suivrez cette route ! »... Nous élèverons la voix pour demander les chants des poëtes qui n'ont rappelé que nos gloires, les pages des historiens qui n'ont point vendu leur plume, les toiles des peintres qui ont noblement armé leur palette... Hélas ! hélas !... bien des tombes, sans doute, répondront à notre appel, et le navire que nous aurons interrogé nous sourira en glissant à contre-bord, et se dira comme nous venons de le faire tout à l'heure :

« D'où viennent-ils ? »

## SOUS VOILES.

— *La Pictura*. — *La Gazelle*. — Description de mon tiroir. — Qu'est-ce que six mois ? —

Nous saisissons au vol toutes les occasions que le hasard, cette divinité des hommes aventureux, jette sur notre route pour rompre la monotonie des jours dont nous menace une navigation si tristement commencée. Aussi est-ce avec un plaisir incompris des pèlerins errants sur la terre ferme, que nous nous trouvons ce matin à portée de voix d'un trois-mâts de Rotterdam, piquant également au sud et courant tout d'une haleine jusqu'à Batavia.

Avec une courtoisie antiprovençale, M. Curet invite le capitaine Thilmann à déjeuner ; celui-ci refuse, mais il se radoucit à l'offre d'un flacon de champagne ; et mettant un canot à la mer, il nous envoie son lieutenant et son chirurgien.

Vous ne sauriez croire avec quel véritable

plaisir nous nous sommes trouvés côte à côte, à la même table, eux et nous, parlant de l'Europe comme d'une vieille amie, et des tempêtes comme de fantômes propres à effrayer seulement les enfants et les nourrices.

Le bordeaux, le rhum, le café passés de vie à trépas, on s'est dit adieu en se souhaitant un bon voyage; et nous voilà encore aujourd'hui bien près l'un de l'autre, comme si nous craignions de nous séparer.

*La Pictura*, capitaine Thilmann, pointe vers l'est; *l'Édouard*, vers l'ouest... Bientôt mouillés aux deux extrémités du diamètre de la terre, où se rencontreront-ils de nouveau? N'est-ce pas le même linceul funéraire qui est destiné à les abriter pendant toute l'éternité?...

Nous sommes sûrs, ce matin, que nos familles auront bientôt de nos nouvelles; voici une goëlette, fine marcheuse, accorte et frétillante, qui laisse porter et nous interroge.

— Le nom de votre navire?
— *L'Édouard*, capitaine Curet.
— De la Seyne?
— Oui.
— Nous sommes du même village; mon nom est Fisquet.
— Je me félicite doublement de la rencontre. Où allez-vous?

— A la Guadeloupe, et vous?

— En Californie; j'ai à bord M. Jacques Arago, frère de l'illustre astronome, à la tête de cinquante jeunes gens chargés d'explorer ces contrées.

— Assurez-les que nos vœux les plus fervents les accompagnent.

— Je vous remercie pour tous.

Puérilité, dites-vous?... C'est que sur cette immense nappe d'eau, vous n'avez jamais franchi les horizons lointains; c'est que vous n'avez jamais sillonné le Sahara, cet autre océan de sable, qui a ses tempêtes, ses calmes, sa torpeur, et garde aussi religieusement que son frère les victimes du simoun dont se repaissent les panthères affamées; c'est que vous ne pouvez comprendre le bonheur de l'Arabe aux aguets, dès que le dromadaire annonce par ses allures plus juvéniles l'approche d'une caravane aventureuse; oh! alors le pèlerin reconnaissant se jette à genoux, se tourne vers l'orient, et rend grâce à Mahomet qui lui tend une main secourable.

Laissez-nous donc ces joies incomprises de tant de monde, et félicitez-vous, au contraire, de notre sourire, car c'est encore de vous qu'on nous parle, puisque nous demandons des nouvelles des amis, de la patrie, de la famille. Le silence n'est-il pas souvent une douleur et un châtiment à la fois?... Et, voyez!

*La Gazelle* est encore là, dans nos eaux, presque en calme plat. Une heureuse idée germe dans le front de M. Curet, qui d'habitude ne pense guère ; il va mettre la yole à la mer et donner ses dépêches à M. Fisquet ; nous avons à peine quelques minutes pour écrire ; les plumes courent, les cœurs battent, les pages se remplissent.

Les missives sont portées ; j'envoie ma carte de visite au brave commandant de la goëlette, qui me fait passer la sienne, et il me semble que je quitte un ami.

C'est que toutes les choses de la mer sont sérieuses, je vous l'ai dit ; c'est qu'il y a de la poésie dans ses caresses comme dans ses menaces, et que le sillage qui s'efface si vite sous notre quille nous laisse de précieux et larges souvenirs.

Mais, puisque *l'Édouard* ne marche pas depuis trois jours, le paresseux qu'il est, laissons-le dans son calme ; quand on vit en désaccord, le plus sage est de se séparer, sans pourtant se haïr ni se calomnier ; cette philosophie en vaut bien d'autres. Je raconte.

*L'Édouard* est un bon garçon, vous le connaissez ; vous connaissez aussi l'homme qui vous fait ses confidences ; sachez également le réduit d'où il vous les adresse ; c'est une toile de Rembrandt.

Levez le pied, baissez la tête, vous êtes chez moi. N'essayez pas de faire un pas de plus, vous tenteriez l'impossible. Dieu même se l'est interdit. Vous savez que mon lit est une boîte de soixante-cinq centimètres de large et de cinq pieds huit pouces de long. C'est là toute l'étendue de la chambre. Quant au coffre, il occupe la moitié de la largeur, c'est-à-dire trois pieds; quelle ambition !

Si je mêle les pieds avec les mètres, c'est pour ne me brouiller avec aucun système; la politique est une excellente école.

Je monte dans mon tiroir à l'aide d'un tabouret servant de premier échelon, et d'une chaise qui me permet de m'asseoir en profil et de m'étendre sur mon drap, un seul; à quoi bon deux, pour un si petit espace ?

Afin de glisser dans une tringle un morceau de quelque chose, en forme de rideau, couleur jaune bordé de rouge, on a pratiqué un rebord au haut de la cabine, de sorte qu'il faut que mes mains précèdent sans cesse ma tête si je ne veux pas m'onduler de bosses ou me zébrer de plaies : au reste, ce petit désagrément, je l'éprouve à chaque mouvement un peu trop irrégulier que je veux me permettre, car il y a partout des saillies, et par malheur elles sont en bois ou en fer, sans que l'architecte ait pris soin de les arrondir, peut-être, hélas! dans la prévision de mon voyage en Californie...

O architecte! si je savais ton nom!...

Ma couche, à quatre pieds et demi du sol, se compose d'un drap, d'un oreiller, d'un matelas sur le bois et d'un petit sac de paille hachée servant de traversin... J'en avais oublié un à mon départ. Toute imprévoyance porte son fruit.

Comme protectrice d'un roulis beaucoup trop violent, on a glissé, entre les parois intérieures de ma couchette et le matelas, une planche qui me sert de rempart, car sans elle j'aurais été déjà lancé dans une cambuse pratiquée à l'ouverture de mon magnifique Louvre, d'où, certes, on ne m'aurait retiré que pour me livrer aux requins... Me voilà prévenu, me voilà protégé, les squales jeûneront.

Sous moi, au niveau du sol, se faufile dans ses peaux de mouton cet intelligent Saintin, que nous retrouverons avant la fin de la campagne. S'il lève la tête, il se heurte souvent à mes pieds penchés hors du lit; s'il la tire sans précaution de sa niche, il cherche querelle au tabouret, à la chaise, aux bottes et à un rebord de quelques pouces qui lui sert d'étui...

Pauvre Saintin, saint Pierre nous attend là-haut, afin de nous donner plus d'air et d'espace; il doit y en avoir en paradis.

Poursuivons mon inspection, à peine ai-je commencé l'esquisse.

A gauche et à hauteur de la main, j'ai fait clouer deux petits casiers, l'un pour mes crayons taillés, l'autre pour mes crayons usés ; ceux-ci sont plus près de moi : la reconnaissance est ma première vertu. Un peu plus vers la tête, règne une ouverture appelée hublot, qui me donne de l'air. A droite, près du chevet, est une autre équipée, où je place mon album, ce précieux instrument à l'aide duquel je recueille mes solitaires pensées pour les dire plus tard à mes amis... Lui dois-je des remerciments?

En dessous de ce morceau de bois est un petit coffre sur lequel repose un vase en zinc avec sa cuvette : la cuvette et le vase à deux usages différents. Plus haut, magasin pittoresque, est appendu un feutre gris à larges ailes, comme celui de Figaro, touchant à tribord un chapeau de ville et à bâbord un chapeau de paille oublié là par Aménaïde, que pourrait compromettre autre part ce gage d'autant plus accusateur qu'on voit sortir de sa coiffe une blague à tabac et une bouteille en caoutchouc.

Est-ce tout? Attendez, car voici une cravate en laine blanche d'une largeur démesurée, qui joint tous ces objets comme une guirlande de lilas et semble une chaîne conciliatrice destinée à rallier colifichets et sentiments. En guise d'arsenal, vous voyez au pied du lit, accrochés solidement, deux pistolets, un sabre et un fusil dont les Peaux-Rouges sauront des nouvelles s'ils viennent nous chercher noise. Saintin a vu les Arabes d'Oran et du Sahara. Puis encore une cuvette, à côté de laquelle se promènent rasoirs, ciseaux, brosses, peignes, savon, canifs, limes à ongles, blaireaux, bouteilles d'encre, pipes, lunettes, fioles de toutes sortes de baumes, éponges, brosses à dents : le tout dominé par un vase catalan en étain, précieux cadeau de famille qui m'accompagnera au retour ou qui me servira de boulet si l'on me confie aux flots... Même au cercueil, je me veux en bonne compagnie.

Voyons, n'oublié-je rien? Ah! si : une caisse de deux pieds et demi de large, gardant quelques livres et notre argent... Les livres occupent tout l'espace. Sur le sol, nos chaussures, souliers, bottes et pantoufles, pêle-mêle avec nos vêtements oubliés du valet de chambre, compagnons aimés que nous aurons le temps d'user dans les placers et sur les Montagnes Rocheuses qui semblent nous fuir, les ingrates qu'elles sont. Silence! voici une cambuse; c'est petit, bien petit; vous allez savoir tout à l'heure à quoi elle sert; il n'est pas de pauvre qui ne puisse faire un peu de bien.

Et maintenant, viennent les visiteurs, parfois même les visiteuses. Ici, le tableau est magique. Vous savez l'ampleur du palais, donc vous devez conclure. On vient me dire bonjour, on avance la tête ; je réponds, c'est fait. Un second se présente, le premier disparaît ; une tête blonde remplace une tête brune, le bonjour amical a lieu, et un troisième visiteur en précède un quatrième, auquel en succèdent quelques autres, dont je ne peux recevoir qu'une syllabe à la dérobée.

Quant au hublot, il sert à divers usages ; ici, la cambuse aimée joue un rôle : Tac, tac, j'ouvre... Le maître, l'ami, le matelot me serrent la main, nous échangeons la caresse d'une parole si douce à savourer ; et puis, je suis peu mangeur, ma ration dépasse mon appétit ; j'ai fait l'économie d'une sardine, d'une pomme de terre, d'un biscuit ou d'une tasse de café ; je glisse tout doucement ces richesses, on me remercie, on me bénit, et il m'en a coûté pour cela... le superflu d'un détestable dîner, dont le dogue de ma basse-cour n'aurait voulu qu'avec répugnance.

Voilà trente-cinq jours que nous sommes partis ; encore six mois d'une vie pareille, d'une aisance si confortable, et nous dirons adieu à la cabine, à l'eau salée, à la boîte, au panneau, à la galette, au roulis, au tangage ; encore six mois, et une existence nouvelle sera ouverte à notre ambition vagabonde; encore six mois, et notre pied amariné se posera sur un terrain solide; encore six mois, et Aménaïde nous avouera que le frère n'est pas le frère, et que les passions sont citoyennes de l'univers... Nous savions cette grande vérité avant elle. Six mois sous la zone torride et à travers les glaces du pôle antarctique.

Qu'est-ce que six mois pour qui songe à l'éternité?...

---

## PASSAGE DE LA LIGNE.

— Dialogue. — Décadence d'Aménaïde. — Blanchisseuse. — Puis mariée. —

---

Si le ciel a taillé ma vie pour une lutte perpétuelle contre les passions et les éléments, c'est surtout en mer que j'ai désiré le combat. Ici, du moins, la querelle est grave, et comme notre adversaire est sérieux jusque dans ses courtoisies, il est aisé de comprendre pourquoi nous devons toujours nous tenir armés de pied en cap.

Les auxiliaires des flots sont redoutables : c'est le courant dont il nous a été impossible de calculer la vitesse ; c'est la roche sous-marine que les madrépores ont grandie et qui déchire notre quille de cuivre ; c'est la côte inhospitalière sur laquelle nous sommes drossés sans la plus petite brise à l'air ; c'est l'ouragan qui mugit, c'est la foudre qui nous embrase, c'est le typhon qui nous tord et se joue de nous comme d'une bulle de savon.

Ici, rien n'est avec nous et pour nous, si ce n'est le courage, le sang-froid, la résignation.

L'avant-veille, un magnifique orage avait pesé sur *l'Édouard* immobile, et la foudre, comme un avertissement, s'était jouée à l'horizon en gerbes éclatantes à travers les nuages et les flots paraissant se confondre. Le lendemain fut une journée de tristesse, malgré la présence de plusieurs navires qui attendaient comme nous une brise favorable.

Un ciel gris, bas et terne pleurait sans interruption ; aussi le pont nous fut-il interdit, et vous ne sauriez vous faire une idée de ce rigide emprisonnement qu'on est forcé d'accepter sans mouvement aux muscles, quand la pensée se jette en avant comme une fougueuse cavale.

Mais voici une fanfare, elle descend joyeuse de la grande hune ; le silence règne à bord et une voix formidable interroge.

LA VOIX.

Qui vive?

LE CAPITAINE.

Moi.

LA VOIX.

J'ai dit : Qui vive?

LE CAPITAINE.

J'ai répondu : Moi.

LA VOIX.

Moi est une bêtise; moi, c'est un chou, un navet, une ciboule, un fil carré, un aviron; moi, c'est tout le monde et ce n'est personne; il y a douze *mois* dans l'année, quel *moi* es-tu?

LE CAPITAINE.

Moi, Curet, né natif de la Seyne, département du Var.

LA VOIX.

Comment! c'est toi, Curet!

LE CAPITAINE.

C'est moi.

LA VOIX.

Tu es bien laid, mon garçon, et s'il en est beaucoup de taillés comme ça dans ton pays, je plains les pauvres jeunes filles.

LE CAPITAINE.

Pourtant, je suis marié.

LA VOIX.

Tu dois l'être.

LE CAPITAINE.

Qu'entends-tu par ces paroles équivoques?

LA VOIX.

Ça ne te regarde pas... Dis-moi, Curet, ton navire a-t-il déjà passé la ligne?

LE CAPITAINE.

Point.

LA VOIX.

Je te parle de *ligne* et tu me réponds *point!* Curet, Curet, tu cours des dangers. Mais je veux être bon monarque, et ta conduite guidera la mienne. Reçois comme il convient mon courrier-major, et qu'il m'apporte à l'instant ta réponse... Salut... Un mot encore : où vas-tu?

LE CAPITAINE.

En Californie.

LA VOIX.

Y portes-tu de l'or?

LE CAPITAINE.

Je vais y en chercher.

LA VOIX.

N'as-tu que des hommes?

LE CAPITAINE.

J'ai aussi quelques femmes.

LA VOIX.

L'or ne te fera pas défaut, on manque d'épouses sur le Sacramento ; ta cargaison est bonne.

Le courrier est sur le pont et remet au capitaine une missive ainsi conçue :

« Je vous envoie Rafalus-Ouraganus à cete fin
« de savoir si ta bicoque de coque a déjà visité
« la — (ligne); si oui, file ton nœu ; si non, mes
« gabiés armés de leurs hh, vont abbatre ta pou-
« laine, à moins que tu ne t'exécutes en vrai
« gabié. Je sais que tu es un fameux lapain, qui
« te f... du tifon ainsi que d'une chique : mais
« comme tu vas marché la tête en bas, ce qui est
« gênant pour la soupe, tu as besoin d'apui et je
« suis à toi.

« Bourge, roi de la — »

Le capitaine promet de se conformer aux usages voulus, et là-dessus, un ours blanc, charriant Rafalus-Ouraganus, parcourt le pont, distribuant des horions, des coups de fouet et des bourrades de matelot à tout ce qui veut s'opposer à son passage.

Le soleil se lève, splendide comme un globe

de feu dont va s'embraser le monde. Alerte! Voici le président, le roi, l'autocrate, le pontife, le sultan, le schah de la ligne, à côté de son épouse.

Quelle épouse, grand Dieu !

> Oui, cette épouse est magnifique,
> C'est une superbe relique
> Qui n'a pas plus de soixante ans.
> Si ses cheveux sont courts et blancs,
> En revanche, elle n'en a guère :
> Et quant à sa rouge paupière,
> Elle couvre deux petits yeux
>   Dont l'un vise la terre,
>   Et l'autre vise aux cieux.

Voici encore un prêtre, un notaire, des diables, un autel, une baille de combat remplie d'eau, le tout masqué aux regards des profanes qui vont recevoir l'ablution.

La formule est simple :

— Jurez de ne jamais faire la cour à la femme d'un marin.

— Je le jure.

La planche sur laquelle vous êtes assis fait la culbute, vous disparaissez, on vous repêche, vous êtes sujet du roi de la ligne. Au surplus, le prêtre n'ayant pas voulu varier la formule, les dames ne se font pas tirer l'oreille pour prêter le serment et je suis certain qu'il sera tenu.

Cependant une seule d'elles résiste, elle trouve

que le *mot* que j'ai remplacé par une périphrase est trop cru, elle refuse d'articuler ces quatre hideuses lettres, et vlan, on la plonge et replonge dans la baille fatale.

Pauvre Aménaïde ! te voilà tout à fait dépoétisée, te voilà traitée comme Besnard, comme Crespel, comme Muller, comme tous les fous de la Villette et du Carré ; *sic transit gloria mundi*.

Mais, hélas ! le sacrifice était commencé ; déjà tu avais accepté ta décadence, ô Aménaïde ! et chacun de ces messieurs se souvenait de t'avoir vue, quelques jours avant, sans dévotion au cœur, sans rosaire à la main, sans charité à l'âme, en face d'un classique baquet, laver, sous un soleil tropical, les bas, les chemises, les gilets et jusqu'à l'ignoble bonnet de coton des passagers, qui te marchandèrent lâchement le prix de l'holocauste.

Pardonne-moi donc, Aménaïde ; mais j'ai promis de l'histoire, et si je mentais une fois, on ne croirait à la sincérité d'aucune de mes paroles. D'ailleurs, la Villette est là, les yeux ouverts, et les jeunes gens qui la composent percent les voiles les plus épais.

Aménaïde, subis ta destinée ; mon silence désormais te vengera de cette dernière page. Tu n'existes plus pour *l'Édouard* ; tu appartiens dans l'avenir au chasseur de l'Orégon ou aux Peaux-Rouges, heureux de te proclamer leur souveraine.

*P. S.* J'ai appris, depuis peu de jours, qu'Aménaïde, que j'ai vainement cherchée dans les placers, est devenue l'heureuse épouse d'un jeune, beau, riche et confiant Mexicain, dont elle fait la gloire et le bonheur. Il n'y a pas d'orangers en Californie ; la couronne nuptiale d'Aménaïde n'était pas sans doute aussi blanche que son âme.

. . . . . . . . . . . .

Histoire, philosophie, rafales carabinées, ciel radieux, folies du bord, je vous ai donné un peu de tout dans ce chapitre : pourquoi vous aurais-je refusé un peu d'Aménaïde, que Muller pleure encore aujourd'hui sans doute, et dont je garde, moi aussi, un vague souvenir?

Les horizons de feu, les cris de la tempête, les îles diaprées, les colères des anthropophages, l'ivresse du retour, laissent peu de place dans l'âme aux émotions vagabondes... Aménaïde sera indulgente pour moi, comme je suis miséricordieux pour elle : la charité est contagieuse.

## UN COLOSSE.

— Besnard. — Ses langues. — Un festin. — Une poésie de Besnard. —

Il ne s'agit point ici du colosse de Rhodes, sous es jambes duquel voguaient les navires toutes voiles dehors ; il n'est pas question non plus de l'un de ces hommes centaures, sales, basanés, charnus, nomades, qui, du cap Horn, parcourent, rapides comme le Pampero, les immenses plaines du Paraguay, leur stérile conquête ; non, non, la Patagonie n'a point d'hommes de la taille de celui dont j'ai à vous parler et dont *l'Édouard* gardera, je vous l'atteste, un long souvenir.

Pas n'est besoin de lever la tête pour être au niveau de son front, au contraire ; et cependant je suis logique lorsque, à propos de lui, je vous parle des Patagons et du colosse de Rhodes.

Ce n'est pas toujours la taille qui fait la domination : voyez le chêne de la vallée, voyez la bruyère de la montagne. Aussi Besnard, notre colosse Besnard, ne me semble-t-il jamais plus petit que lorsque vous le forcez à escalader le cabestan, quand vous obtenez de lui une de ces inspirations démosthéniques dont Mirabeau lui-même eût été jaloux.

J'ai nommé Besnard ; Besnard, deux syllabes, sept lettres, pas plus : eh bien ! à elles seules, ces sept lettres résument toutes les études, toutes les capacités, toutes les intelligences. Pic de la Mirandole s'efface de mes souvenirs ; Berzélius, Humboldt, Cuvier, Laplace, Monge, Byron, deviennent des atomes ; Napoléon n'est plus un culte ; Hugo, Lamartine, Chateaubriand, n'ont plus ni encens ni autel ; Besnard est l'éponge hyperbolique qui efface tout ce passé ; Besnard, notre ami Besnard est notre amour, il est notre orgueil et surtout notre gloire.

Il ne devait pas venir, je ne sais par quel déplorable malentendu notre aveugle société l'avait frappé d'ostracisme ; mais moi dont le front s'était illuminé à ses rayons éclatants, je pensais à le réhabiliter en songeant à cet honnête Aristide, si lâchement banni par les Athéniens ; et je me disais : Les siècles marchent, mais avec eux aussi marchent les abus, les injustices, les hontes, les tyrannies.

Besnard, Aristide, vous voilà désormais soudés à la même chaîne, rivés à la même immortalité.

Les pages de l'histoire sont des tables d'airain ; si mon livre me survit, c'est à toi seul que je le devrai, Besnard, ô Besnard, mes amours, ô Besnard, ma consolation, j'allais presque dire ma récompense !

Donc Besnard ne devait plus nous accompagner en Californie, donc San-Francisco allait s'attrister de notre brutale résolution et le navire se voiler de noir... Tout à coup la locomotive du chemin de fer souffle avec une joie plus bruyante, Rouen s'épanouit, le Havre se pare de ses plus beaux habits de fête, l'*Édouard* frétille plus coquet dans le bassin, Besnard est arrivé.

Les journaux le disent, Brindeau le publie dans sa feuille officielle, l'armateur l'assure à tous, et cependant il y a encore des incrédules: car les bonnes nouvelles, hélas ! il faut que la renommée les proclame souvent à son de trompe, debout sur toutes les cathédrales. Mais le doute est impossible. On a vu Besnard, on se l'est montré du doigt, et puis on a rencontré à Paris trois Arianes abandonnées se dirigeant vers le Pont-Neuf pour en mesurer la hauteur. Besnard est au Havre, Besnard va s'embarquer, les Peaux-Rouges verront Besnard. Heureux Peaux-Rouges !

Le voilà, sous notre main qui le caresse, sous notre parole qui le magnétise, sous nos baisers qui l'embrasent ; il est à nous, à nous seuls, nous pourrons en jouir à notre aise pendant six mois, pendant huit, pendant deux ans. Que les jours vont courir vite, mon Dieu ! Mais quel bonheur est éternel ?

Toutefois, quoique notre compagnon de voyage Besnard ne fasse point partie de la société des Aragonautes, qu'il écrase de tout son ascendant, il nous a été impossible, même en sa faveur, d'en appeler de notre première décision, et nous n'avons droit de jouir de Besnard que comme voisin. Que de Parisiens, que de Parisiennes surtout envieraient notre sort !

Voyez pourtant jusqu'où peut aller la cruauté d'un fléau ! Le mal de mer, le hideux mal de mer n'a pas respecté Besnard, et quelques-uns l'ont vu, tordu comme un serpent, jeter, autour de sa cabine dépoétisée, ses soupirs douloureux et l'oubli de ses langues en conserve.

Le mot est lâché : Besnard a des langues : il en a dans des boîtes, sur lesquelles il veille ainsi qu'Argus sur la toison d'or. Les langues de Besnard, ses saucisses, ses pois, ses haricots surtout, voilà sa substance matérielle. Son corps vivra là-bas, sur les bords du Sacramento, à l'aide de ces préparations culinaires ; son esprit se nourrira des tableaux magiques développés à ses regards, et vous verrez, à son retour, la foudroyante épopée que toutes les *langues* européennes vont traduire à leur barre.

N'est-ce pas, lecteur, que voilà un bien triste contraste, et que les mots langues, haricots, saucisses, pois et fèves, côte à côte avec ces deux syllabes euphoniques *Besnard*, jurent comme une tache d'huile sur une moire de satin blanc, comme une verrue sur une joue rose, comme un hémistiche douteux sur une page de Ségalas ou de Méry?

Que voulez-vous! notre existence est ainsi faite, et le rocher surplombé domine souvent la prairie émaillée de fleurs.

Besnard, j'en appelle à ceux qui m'entourent, est une de ces natures exceptionnelles qui savent donner de l'esprit à qui n'en a pas et du sens aux choses les plus incohérentes. Besnard a trouvé le mot de plus d'une énigme où l'auteur avait semé les impossibilités, et je l'ai vu, moi qui vous parle, moi qui veux être cru avant tout, répondre comme ne l'eût pas fait Newton à cette question que j'osai lui adresser un jour :

« Quand la diphthongue boiteuse se trouve
« louchement annexée dans la circonflexure d'un
« cercle fleuri et que l'anneau diagonal casse sans
« but et sans chaussure, qu'est-ce qui en résulte
« pour l'écliptique déguisé en holocauste fé-
« minin? »

Tout autre que Besnard eût tremblé; vous-même, penseur érudit, qui parcourez ces pages, vous eussiez été fort embarrassé sans doute. Eh bien ! sans réflexion aucune, sans tâtonnement, ainsi qu'un inspiré, Besnard résolut le problème, et désormais il est acquis à la science.

Mais quel ciel est sans nuage, quel horizon sans brume, quel génie sans Zoïle? Besnard devait subir la loi commune et ressentir les piqûres des frelons attachés à toute renommée, acharnés contre toute illustration.

De l'aigreur on en vint aux sarcasmes, des sarcasmes à la calomnie ; les mauvaises passions font la boule de neige. Besnard eût indubitablement été dépossédé de sa puissance si quelque force pouvait déraciner le Mont-Blanc, si un bras d'homme était capable de s'opposer à la chute du Niagara.

Besnard, attaqué, honni, vilipendé, est sorti vainqueur de la lutte, et dès ce jour son trône est devenu un autel ; on ne l'admire plus, on l'adore.

Un duel avait eu lieu entre deux champions également valeureux, l'un pour Besnard, l'autre contre ; un ignoble combat de palefreniers, boxe de portefaix, où le poing avait joué le principal rôle, où l'œil de l'un des adversaires avait subi un outrage se traduisant par une couche de noir, de jaune, de bleu, enchâssant la paupière et les pommettes. Besnard s'était interposé ; d'un bras énergique il avait essayé de séparer les deux acteurs ; mais, hélas! toute générosité est coûteuse : Besnard recevait à droite, à gauche, sur le sinciput, sur les épaules, sur le tibia, les horions que les deux adversaires cherchaient à s'adresser.

O la Fontaine, tu seras toujours le plus profond de nos moralistes : Besnard ne vient qu'après toi.

Il arriva ici ce que le fabuliste avait prévu : la haine des lutteurs l'un pour l'autre s'éteignit dans une commune pression de main, et voilà le noble sacrifié au roturier.

Un second duel au poignard, au tromblon, à la dague était pourtant arrêté; comme chef de l'expédition, j'en fus prévenu; mon cœur me dicta mon devoir, la générosité du grand Besnard devait faire le reste.

— Ami, dis-je à mon ami, le sang va couler ; une femme, une tante, une sœur, une cousine, une maîtresse, une mère peut-être, va se vêtir de deuil ; pouvons-nous imposer silence à nos sentiments de magnanimité?...

« Ami, ami, ami, veillons à ce que le navire ne soit pas un champ d'horreur et que les flots ne deviennent pas un cercueil ; désarmons les cœurs trop ulcérés, soyez l'arc-en-ciel précurseur des jours limpides et des nuits diaphanes; en un mot, réconciliez les lutteurs fiévreux et que votre présence parmi nous soit un bienfait. »

Je ne touchai pas juste, la corde sensible de Besnard ne vibra pas encore.

— Je suis fort de mes droits, me répondit-il avec son éloquence accoutumée ; je ne demande pas plus mieux que de vivre amicalement avec eux tous et les autres ; mais vous comprenez, M. Arago, et si vous vissiez ma jambe, vous verrez que j'ai reçu un coup qui ne laisse pas que d'être conséquent ; aussi, je veux que l'air qui se respire de l'avant me serve de poison, si mes pieds dépassent jamais la tête du grand mât ; cet oracle est plus sûr que celui de Chactas.

Qu'auriez-vous fait à ma place ? Sans doute ce que je fis : je me jetai dans les bras amis de mon ami ; j'appelai les larmes à mon secours, je priai, j'invoquai le nom de la patrie, de la famille. Je sentis un cœur d'homme battre dans une poitrine d'homme, ses larmes se mêlèrent à mes pleurs, mes pleurs se confondirent avec ses larmes, et de ce mélange imprévu naquit la détermination suivante, qui me rappela le pouvoir de Cicéron, dont vous connaissez probablement l'*oratio pro Murena*.

— Ami, je comprends vos terreurs névralgiques, et mon devoir est de les faire cesser. Je propose un banquet. Vous, ami Arago, vous fournirez le champagne, moi j'offre des langues, et j'espère qu'à ma table les mains se serreront ainsi que... comme... on le fait quand la haine qu'on n'avait pas... subsiste amicalement!

Le gaillard d'avant n'en voulait pas davantage; il avait des langues, il avait des saucisses, Besnard s'exécutait, la victoire ne pouvait plus nous échapper : Besnard était un héros.

Vous n'avez rien vu, Parisiens blasés par vos galas périodiques, puisqu'il ne vous a pas été permis de jouir du coup d'œil qu'offrait le couronnement du gaillard d'avant sous un ciel bleu, à travers un horizon étincelant, à demi abrité par une misaine dont le maître avait *amicalement* cargué les empointures.

Tenez, c'est faible, mesquin, c'est une pâle esquisse; suivez-moi.

Trois aristocraties trônaient sur un banc : l'aristocratie du talent, Besnard; celle du travail, Bourge; celle de l'infortune, moi. Devant nous le cabestan, dominé par un énorme plat où il aurait pu y avoir quelque chose, mais il était vide, puis trois douzaines de bouteilles qui n'attendaient que le signal pour se vider à leur tour.

Soixante hommes au moins, les uns sur des cordages, les autres sur le gaillard, la plupart enfourchant le beaupré, se groupaient de la façon la plus pittoresque, et si vous saviez sous quels costumes! Burnous, toques, chemises rouges, jaunes, diaprées, cravates impossibles, pantalons d'une coupe mythologique, zébrés de toutes les couleurs de l'arc-en-ciel, bottes à l'écuyère, sandales, souliers, pantoufles ou sabots, chaussant des pieds sans bas ou des bas ornés de pieds cyclopéens comme ceux de Besnard ; barbes longues, bifurquées, cheveux à la malcontent, artistement cadencés par une main habile ; ceintures magiques, abritant des coutelas usés, déchirant les viandes coriaces servies quotidiennement dans les gamelles des pauvres affamés ; et, du milieu de ces défroques, dont les piliers des halles de Paris et les galeries du Temple, aux approches du premier de l'an, ne donneraient qu'une imparfaite idée, s'échappent des voix retentissantes comme des clairons, des sons organiques pareils à ceux de Boufleto descendant trois notes au-dessous du tonnerre, ou des perles flûtées comme celles de Crespel, que vous prendriez pour la note amoureuse d'une fiancée de seize printemps... Puis encore, les cris et les hurlements de tous les animaux de la création, le coq, la poule, le bœuf, la chouette, le lion, la linotte, et Besnard dominant tout ce sabbat dès que, par un geste, il annonce qu'il va prendre la parole.

Tout cela est froid, incolore, inanimé ; tout cela c'est, hélas ! le récit d'un aveugle qui ne voit pas les regards de feu qui se croisent, les gestes de flambard qui s'entremêlent, les culbutes, les gambades des Champion, des Duban, dont une flamme rouge à la poitrine dit un cœur patriote. Oh! mes amis, que de reconnaissance ne vous doivent pas les marsouins arrivés par escouades et se jouant à travers la lame écumeuse qui monte pour entendre votre concert infernal!!!

Mais, silence! voici les langues de Besnard, voici les saucisses de Besnard, voici les cervelas de Besnard, et l'amphitryon frémit de joie et son front se vermillonne de modestie... On lui dit les choses les plus flatteuses, on lui décoche les madrigaux les plus encourageants pour l'avenir, et sa verve ne faiblit point; il répond à tous, il tient tête à tous : c'est une source intarissable.

Qu'est-ce donc que César dictant à la fois à quatre secrétaires? Enfoncé César!

— O Besnard! que tes langues sont bonnes!

— Ah! messieurs! ce n'est pas ma faute.

— O Besnard! que tes saucisses me semblent succulentes!

— Ah! messieurs! je les ai payées en conséquence.

— O Besnard! que tes cervelas sont friands!

— Ah! messieurs! vous me confusionnez, mais j'y ai mis du mien...

Là-dessus, les bans, les bravos, les trépignements, les hourras frénétiques de toute la ménagerie, couronnés par une improvisation de Besnard, dont les vers s'échappent par tous les pores.

Cependant, le champagne arrive, et comme la nuit arrive avec lui, comme un poëte trop obscur a bégayé des rimes au héros de la fête, comme, d'autre part, celui-ci est forcé de répondre, et que la feuille sur laquelle on doit les lire est la confidente de ses inspirations, le calme règne pendant quelques instants et Delamarre lit ; vous le croiriez devant la rampe, battez des mains.

### A BESNARD.

Après que l'ouragan a vomi sa colère
Sur les flots mutinés envahissant les airs,
Après qu'on a pu voir la livide atmosphère
S'embraser menaçante au zigzag des éclairs ;
Après que le navire, esclave de la lame,
A bravé le rocher tout prêt à l'entr'ouvrir,
Et que le matelot, invoquant Notre-Dame,
Priant à deux genoux, ne songe qu'à mourir ;
Après qu'emprisonné dans les plis d'une trombe,
Dont le souffle bondit, descend, monte et retombe,
Tord, déchire le mât comme un faible roseau
Et le vomit au loin détrôné du vaisseau,
N'est-ce pas, mes amis, que tout dans la nature
Semble orner son manteau d'une riche parure ;

Que le soleil plus pur se lève le matin ;
Qu'à son ami, l'ami serre encor mieux la main ;
Que sur des lèvres d'or règne un plus doux sourire,
Et que, bien plus heureux, le cœur de tous soupire ?
Eh bien ! l'orage a fui du pont épouvanté,
Nous voyons devant nous les plaines azurées
Ouvrir à nos désirs leurs richesses dorées,
Et montrer l'horizon à notre œil enchanté.
Tel Besnard, qui, jadis retiré sous sa tente,
Nous refusait à tous sa parole éloquente,
Est descendu pour nous de toute sa hauteur,
Et, nous rendant le sien, a conquis notre cœur !
Désormais, entre nous, amis, plus de querelle :
Goûtons, après l'absinthe, un doux rayon de miel,
Besnard, l'ami Besnard est pour nous l'arc-en-ciel
Qui doit nous assurer une paix éternelle.

Pauvre poëte ! Marcher à côté de Besnard qui court ! Voyez-vous le hanneton voler après l'aigle !... Pardonnez-lui, il est aveugle ; vous savez de qui je parle, l'équivoque est impossible.

Voici Besnard ; et, sur l'honneur, il nous a juré qu'il n'avait pas mis douze heures au chef-d'œuvre... Je vous le dis en confidence, Besnard se flatte :

  A venir ici chanté,
 Amis, c'est votre volonté,
  Chacun y met du sien,
Qui fait que l'on s'y amuse bien.
  La rifla, fla, fla...  (*Bis.*)

> Hier soir, il c'est passé
> Une sceine qui m'a peiné;
> A la reconcillation
> J'ai reçu un coup de tallon.
>   La rifla, fla, fla...         (Bis.)
>
> Se que j'avence ici,
> Je puis le prouver aussi,
>   Ma jambe marque un coup
> Qui me comptente pas du tout.
>   La rifla, fla, fla...         (Bis.)

Le reste à l'avenant : trente-six couplets, poésie de complainte!

J'ai voulu déchirer mes vers à Besnard et les livrer aux flots; mais, généreux comme tout ce qui protége, Besnard s'y est opposé avec la plus grande énergie, en disant que puisque les siens devaient être publiés, il ne voyait pas, lui, pourquoi le même honneur ne serait pas accordé aux autres.

— Chacun doit y mettre du sien, s'écria-t-il de sa voix de centaure, comme il dit; il n'est pas donné à tout le monde... Vous comprenez, les vers, c'est lourd... On ne les fabrique pas comme des souliers ou des langues.

Un nouveau ban a lieu, on descend Besnard; porté sur les épaules de ses admirateurs, il fait quatre ou cinq fois le tour de *l'Édouard*, puis on le hisse sur le cabestan, d'où il plane sur la foule. Et là s'achèvent mes confidences. Il y a des taches au soleil, et, quelque harmonieuse que soit la voix de Besnard, quelque péril qu'il y ait à le combattre, je déclare qu'à sa place je choisirais des sujets plus dignes, des chansons moins érotiques, des pots-pourris moins épicés. Je l'ai dit : il y a des taches au soleil.

Le lendemain, remarquez bien le prodige, le lendemain, tout ou presque tout s'évanouit comme un rêve ; personne ne songea au duel qui avait failli ensanglanter le bord ; les traces du pugilat si solidement imprimées sur l'œil d'un des lutteurs ne parurent plus, et un coin de serviette trempé dans un peu d'eau nous prouva que si son adversaire est un coloriste habile, les peintures à la détrempe ne sont guère à l'abri des outrages du temps et des Vandales. Besnard seul se souvint de la rixe, grâce à son tibia endommagé par un soulier ferré, et le cher ami qui écrit sur son fusil : *ex libris Besnard*, est aujourd'hui et sera toujours l'amour, la coqueluche, l'orgueil de *l'Édouard*, appauvri de son capitaine Curet.

———

## NOUS.

— Un tribunal d'honneur. — Un ordre du jour. — Après le jeu, la loterie. — La nourriture des matelots. — Réclamations. — École polytechnique à bord. — Protestation. — M. Comignan. — La discorde est à bord. — Les tribunaux de Paris en jugeront. —

Nous voici sur le parallèle du Rio de la Plata, fleuve redoutable que foudroie le *pampero*, ce niveleur indompté prenant son essor vers le pôle austral, et ne s'arrêtant qu'après avoir décapité les premiers rideaux de ces immenses forêts brésiliennes qui viennent mourir sur les bords de l'Uruguay.

Dans la matinée, un tribunal d'honneur avait été convoqué par moi ; j'étais en jeu avec un des membres de notre société, j'avais demandé justice ; celle-ci ne se fit pas attendre. Glissons sur les incidents du procès ; je l'ai dit : le silence est parfois un enseignement.

Voici pourquoi un tribunal d'honneur : j'en eus d'abord la pensée avant notre départ, je la communiquai à mes nouveaux amis le jour du banquet d'adieu, elle fut acceptée ; et mon but, on le devine.

Cinquante jeunes gens, cinquante têtes ardentes, cinquante cœurs passionnés, avides d'or, d'espace, d'indépendance, et pour président un front découronné, des yeux sans regard : j'eus peur.

Comment prévenir les querelles, les rixes, les duels? Je savais, hélas! par une triste expérience, combien ceux-ci laissent souvent de cuisants regrets dans l'âme, et j'avais à rendre compte à une sœur, à une mère, du dépôt qu'elles m'avaient confié.

Je créai un tribunal d'honneur, je dis que chacun de nous devait s'y soumettre, qu'il n'y aurait point appel du jugement, et que le blâme le plus sévère frapperait celui qui tenterait de l'éluder ou de s'en affranchir. Moi le premier, je le répète, je me suis placé sur la sellette, et je suis resté le président estimé de mes compagnons de voyage.

La journée est féconde, ne l'abandonnons pas.

Le soleil fuyait vers le nord, et quand Paris se réveillait aux plaisirs et aux fleurs, *l'Édouard* courait au sud vers les glaces et les frimas; tandis que quelques heures à peine d'une obscurité diaphane voilaient l'Athènes occidentale, nous, sous de froides giboulées, sous des zones brumeuses, éclairées par un soleil terne et sans chaleur, nous cherchions à nous rattacher au souvenir des longues soirées tropicales, baignées seulement par les orages cuivrés, visiteurs assidus de ces contrées.

Que faisions-nous alors? Que faisaient mes amis, ceux à qui je m'étais si franchement dévoué? Hélas! ils jouaient, ils jetaient sur une carte, sur un dé, sur un domino les économies que la mère attentive avait mêlées au bagage du pèlerin. Et l'inquiétude se gravait sur les fronts, et les paroles d'affection se taisaient sur les lèvres, et les mains se serraient avec défiance.

Je dus prendre une énergique résolution; j'assemblai le Conseil, et nous décidâmes que les jeux seraient interdits. On promit d'obéir; mais vous connaissez le proverbe, cette sagesse des nations, et dès le lendemain les parties ruineuses recommencèrent avec une ardeur nouvelle.

Impuissant contre les passagers qui n'appartenaient point à ma société, il me devenait difficile d'arrêter l'élan corrupteur; aussi laissai-je faire; dans l'espérance que le remède naîtrait de la violence même du mal, j'attendis. Mais je lançai enfin l'ordre du jour suivant, qui me valut un meilleur résultat :

« *A Messieurs les membres de la société J. Arago et compagnie.*

« J'apprends avec une profonde amertume que

« les habitudes de jeu auxquelles nous avions
« promis de renoncer se perpétuent chaque
« jour et nous menacent dans notre sécurité à
« venir.

« Au nom de la morale en péril, renonçons-y,
« messieurs, si nous voulons une véritable fra-
« ternité entre nous ; car il est impossible qu'un
« douloureux sentiment ne blesse pas l'âme de
« celui que la fortune frappe dans ses espérances
« déçues, alors surtout que les besoins d'une
« prochaine relâche vont se faire sentir si impé-
« rieux.

« Votre ami,

« J. ARAGO. »

Une fièvre succéda bientôt à une fièvre ; la loterie remplaça le jeu. En partant, nul de nous ne possédait assez pour les besoins de la campagne ; dès ce moment, tous eurent du superflu, et les malins, pour le succès de leur entreprise, la confièrent aux paroles séduisantes de nos passagères. L'une d'elles surtout, bonne, bienveillante, la plus justement respectée de toutes, heureuse avant son départ, presque heureuse à bord, parce qu'elle y est à côté d'un mari, homme de savoir, de cœur et d'intelligence, madame X., fit l'office de courtière désintéressée ; on ne pouvait rien lui refuser, et les lots se multiplièrent d'une façon effrayante.

On mettait en loterie des fusils, des pistolets, des chaînes, des montres, des pendules, des poignards, des peaux de bouc, des robes de chambre, des bagues, du champagne, des chemises, des casaques et même des pièces de cent sous!!!

C'était une fureur, une rage, un délire, une frénésie; vous étiez assiégé sur le pont, comme autrefois à Paris, par les vendeurs de *l'Époque*, comme aujourd'hui par ceux de *la Presse*, et je suis affligé que l'industrie n'ait pas inventé des para-loteries à l'usage des navires piquant, ainsi que nous, vers le cap Horn. Comme tout le monde, je subis la contagion, et je gagnai à ce jeu le plaisir de voir ma bourse vide avant d'avoir atteint la première relâche.

Que ferai-je à Valparaiso? Dieu y pourvoira, il laisse tomber un peu de manne sur la route de l'aveugle. Je ne demande qu'un rayon, c'est-à-dire un sourire, une espérance.

Mort aux loteries! encore une ou deux qui se traînent boiteuses; elles expirent comme tous les êtres malingres et chétifs que la première crise emporte dans la tombe.

Silence! nous sommes à table, et un passager aux manières honnêtes vient droit au capitaine en lui présentant une assiette à peu près vide.

— Que voulez-vous, monsieur? lui demande Curet de sa voix brève et glacée.

— Peu de chose; assez de nourriture pour nos estomacs affamés !

— Quand j'aurai fini de dîner, nous en parlerons.

— Nous allons vous attendre.

Oh ! ici le drame a été palpitant : la faim parlait; le sang-froid, l'avarice, la ladrerie répondaient.

— Mais vous nous devez une nourriture suffisante, s'écriaient dix voix retentissantes comme dix anathèmes.

— Je vous la donne.

— Cela n'est pas vrai.

— Un démenti à moi ! s'écrie Curet bleu de fureur.

— Oui, un démenti, réplique l'enfant amaigri de l'Helvétie, cent démentis; capitaine, vous êtes un misérable, un infâme, dont nous aurons justice tôt ou tard.

— Je vous donne ce que je vous ai promis, la nourriture du matelot.

— Nous n'avons pas même celle-là, nous qui payons, nous qui ne pouvons nous traîner faute d'aliments, nous qui ne retrouvons notre énergie que pour vous flétrir des épithètes que vous méritez à tant de titres.

— Mais vous voulez donc me jeter à l'eau? vous voulez donc m'assassiner?

A ce mot, un *hourra* formidable retentit de l'arrière à l'avant, et quelques voix énergiques zébrèrent le capitaine.

— Vous êtes trop dur, les requins ne voudraient pas de vous. Nous ne sommes pas des bandits; nous voulons des vivres, voilà tout : donnez-nous des vivres, donnez-nous ce que vous nous devez, et que le diable vous emporte!

Il paraît que le diable se mêla de la partie, qu'il entendit les justes menaces de nos pauvres affamés, car le capitaine Curet, qui prétendait avoir jusque-là rempli ses engagements, envoya chercher quelques boîtes de hachis, dont pas une miette ne survécut à l'appétit glouton des malheureux passagers.

Le capitaine Curet se relèvera-t-il de l'atteinte portée à son autorité? Parviendra-t-il à calmer les irritations qu'il a si fréquemment soulevées? Je ne le pense pas; et si ses armateurs, si les commanditaires ont à se féliciter de sa lésinerie, il me paraît impossible qu'un seul passager s'élance désormais à travers les mers sur un navire dont le capitaine se nommera Michel Curet, natif de la Seyne.

Cependant le gros nuage avait passé, les colères bouillonnaient encore dans les poitrines ulcérées;

des menaces pour l'avenir vibraient à travers les cordages de *l'Édouard*, et il devenait important pour la sécurité de tous qu'une diversion fût proposée.

Parmi les passagers, quelques-uns avaient étudié l'agriculture, d'autres le commerce, d'autres la botanique, la géologie; certains s'étaient fait un nom dans les arts mécaniques; l'un d'eux a su approfondir les hautes mathématiques et l'astronomie.

Ce dernier, c'est M. Lenoir. Animé du meilleur zèle pour le bien-être de ses compagnons de voyage, il a imaginé une école polytechnique où chacun de nous viendrait apporter le fruit de ses méditations, où les moins avancés s'illumineraient aux rayons des plus heureux, et, dès ce moment, des cours publics remplacèrent le jeu.

Nous voilà donc à l'école, attentifs aux grandes vérités historiques et scientifiques qui ont fait la gloire des empires; nous voilà redevenus enfants sur les bancs du collége; hormis la férule, rien n'y manque, pas même les lazzi contre le professeur, qui n'en remplit pas avec moins d'ardeur sa tâche honorable et qui a bien mérité de chacun de nous.

Toutefois, même sur la mer, le tonnerre ne gronde jamais sans écho, et les colères de la veille devaient avoir un retentissement. Adroit et prévoyant, le capitaine a fait appeler auprès de lui les hommes de gamelle, et, dans un discours improvisé où Dieu et le Christ ont joué les principaux rôles, il leur a dit que désormais lui seul serait chargé des détails du bord, qu'il ignorait la vérité, qu'il avait à cœur le bien-être de tous, et que, par malheur, un mauvais génie s'était interposé entre lui et les passagers.

Comme des larmes et des soupirs escortent à merveille les élégies, comme toute éloquence a besoin d'un auxiliaire, Curet a usé de son droit, et le voilà se frappant la poitrine et en appelant à nos sympathies.

Eh bien ! je vous dis, moi, que cela est lâche et déloyal ; je vous dis et j'écris, capitaine Curet, que les torts et la honte dont on s'est souillé, nul ne peut, sous peine de double flétrissure, les jeter à la face du voisin. Aujourd'hui, Comignan est votre bouc émissaire, vous ne voulez plus de lui après l'avoir supplié de vous accompagner ; vous le frappez de vos anathèmes, parce que les nôtres vous poursuivent et vous écrasent ; vous le répudiez, vous le dégradez, vous en faites moins qu'un mousse, puisque vous lui retirez toute autorité, et vous dites à chacun, par une si odieuse conduite, qu'il est inhabile, qu'il a volé son grade et que son incapacité est démontrée par votre réprobation.

Doucement, doucement : après la passion, la logique ; après la violence, le sang-froid ; je parle et j'écris.

Est-il possible que vous puissiez persuader à un homme façonné aux habitudes de la mer, que vous, capitaine, vous n'ayez pas su, après soixante-cinq jours de navigation, ce qui se faisait à bord de *l'Édouard?* Est-il un capitaine assez peu expérimenté qui ne sache, sinon jour par jour, du moins semaine par semaine, comment se distribuent les rations, comment sont traités les passagers, comment ils vivent et surtout comment ils meurent ?

Eh ! bon Dieu ! déjà dix fois leurs plaintes étaient arrivées jusqu'à vous, déjà dix fois vous aviez répondu à leurs prières par des promesses solennelles toujours éludées, et vous étiez au fait de tous les détails du bord ; car vous êtes Curet, homme d'ordre avant tout, j'allais dire de ladrerie, car vous êtes Curet, surnommé *Pain-Sec* par tous ceux qui ont navigué avec vous, et que vous avez traités comme vous le faites aujourd'hui des affamés auxquels vous tendez une main traîtreusement fraternelle.

Mais si, en effet, vous viviez dans l'ignorance des détails de *l'Édouard*, c'est vous, et non M. Comignan, qui mériteriez d'être cassé, par l'État d'abord, puis par vos armateurs dont vous compromettez les intérêts. Je vous défie de vous arracher à ce dilemme sans y laisser une partie de vos vêtements.

Oui, sans doute, le début de votre second a été brutal ; il a laissé tomber de sa poitrine, ou plutôt de ses lèvres, des paroles injurieuses pour les passagers ; mais il a compris sa faute, et quand un homme a le cœur au niveau de la tête, il ressaisit bientôt une place étourdiment perdue.

Oui, sans doute, Comignan avait assumé sur lui une certaine responsabilité morale de tout ce qui s'était fait à bord ; oui, sans doute, il a eu sa petite part des torts sérieux que chacun de nous a le droit de vous reprocher ; mais Comignan a du moins la franchise de sa rudesse, il ne dit pas la tenir de vous, et il possède, de plus, une qualité que nous devons constater dans ces véridiques mémoires. Ceci est grave, écoutez.

Par suite du mécontentement général, une protestation devait avoir lieu, mais calculée cette fois, formulée en termes énergiques sur le papier, et devant être précieusement gardée dans nos archives.

A cet effet, on me pria de descendre dans l'entre-pont, de discuter et de rédiger l'acte. Vous qui ne savez rien, capitaine Curet, vous l'apprîtes à l'instant même, et dans votre ignoble pré-

voyance, vous espérâtes trouver un acolyte en
M. Comignan.

— Descendez, lui dites-vous, n'importe sous
quel prétexte, écoutez ce que dit en bas
M. Arago; il ne se cache pas, il parle haut, re-
cueillez exactement ses paroles et venez me les
rapporter.

— Pardon, capitaine, répondit Comignan, je
suis officier du bord et non pas espion, je n'ai jamais mangé de ce pain-là.

Oh! je comprends votre haine contre M. Comignan; voilà de quoi la justifier.

Et voyez le résultat de ces débats si déplorables :
deux quarts seulement ont lieu aujourd'hui. Curet et Boucher les commandent. Vous connaissez
le premier, voici le second.

Il a voyagé longtemps en baleinier, il a souffert sous toutes les zones, il s'est deux fois heurté
contre les glaces des deux pôles, il est homme
d'expérience.

Est-ce assez?

Et maintenant, que l'un des deux soit malade,
à qui confier le navire?

Croyez-vous que Comignan, dépossédé, re-
prenne avec plaisir, par la force des choses, un
poste que l'arbitraire lui aura volé? Cela n'est
guère possible avec le caractère roide du lieutenant; et, le fit-il, pensez-vous que l'équipage

aurait pour lui les mêmes égards, la même déférence que par le passé? Non sans doute.

Curet n'a pas assez de dignité dans le cœur, Comignan a trop de noblesse dans l'âme.

Ce chapitre n'a pas besoin de conclusion, il est un enseignement d'un bout à l'autre. . . .

. . . . . . . . . . . . . . .

. . . . . . . . . . . . . . .

. . . . . . . Aujourd'hui la position n'est plus tenable, chaque parole est un sarcasme, une flétrissure, une dégradation, et, par malheur, c'est celui-là même qui devrait être le plus modéré, parce qu'il est le plus fort, qui jette au dehors la boue de ses violences haineuses.

Ce matin, en présence de presque tous les passagers de la chambre, M. Curet a interpellé le second en termes si méprisants, que celui-ci, maître encore de lui, a trouvé dans son indignation des arguments et des répliques auxquels le capitaine n'a répondu qu'en laissant sa dignité d'emprunt sur le champ de bataille.

La brise avait soufflé toute la nuit par rafales carabinées, une d'elles est arrivée en foudre, et Comignan s'est vu contraint de *laisser porter*, après avoir cargué la brigantine. Il n'y avait guère d'autre manœuvre à exécuter.

— Vous êtes un misérable, lui a dit le commandant, je ne vous crois plus digne d'être mousse.

— N'allez pas plus loin, lui a répliqué Comignan ; mes preuves sont faites, car j'ai navigué sous dix chefs expérimentés qui m'ont tous rendu pleine justice. Je suis sorti vainqueur de tous mes examens sans faveur aucune, et comme vous je n'ai pas couru les mers sous la direction de papa.

— Songez-y bien, a riposté Curet, vous avez démâté *la Nancy :* tâchez de ne pas démâter *l'Édouard,* ou je vous rends responsable des avaries.

— Si vous aviez été avec nous sur *la Nancy,* a dit Comignan, nous serions tous morts.

L'accusation du capitaine était terrible ; voici Comignan taxé d'incapacité, le voici perdu aux yeux de l'équipage ; mais dès lors, je le répète, pourquoi Curet l'a-t-il pris avec lui? Pourquoi l'a-t-il sollicité au Havre? Le démâtage de *la Nancy* dans un horrible ouragan de la mer des Indes lui était connu, donc il s'est montré bien coupable ou du moins bien imprudent de le nommer second de *l'Édouard.*

Taisez-vous. La dernière parole du capitaine ne mourra pas sans écho, Comignan le poursuit en diffamation, et je ne sais pas trop comment l'accusé pourra se défendre quand on lui prouvera que lui, Curet, a dit vingt fois et à vingt personnes que le courage et le sang-froid de Comignan avaient sauvé *la Nancy* dans l'océan Indien ?

Les tribunaux de Paris seront appelés à juger l'affaire ; mais, en attendant, le bord est en feu, et ce n'est pas pour entendre des paroles de palefreniers que mes amis et moi nous avons pris le chemin de la Californie.

Capitaine Curet, ces lignes sont écrites, je m'en reconnais seul responsable. . . . . . .

. . . . . . . . . . . . . . .

Encore un incident, car on n'en finit jamais avec les tyrannies qui nous assiégent par tous les sens.

Voilà bien des jours, voilà bien des semaines que la dramatique scène du pont, si bravement chauffée par les Suisses, a eu lieu ; mais voici également le lion du cap Horn qui serre ses ongles et fait taire ses rugissements accoutumés.

L'occasion est favorable ; quand les vents gardent le silence, les passiens font comme eux, et bien certainement, puisque la Terre des États sourit à *l'Édouard* qui glisse tout harnaché devant elle, les bouches qui ont lancé contre moi les épithètes les plus violentes vont sourire aussi.

C'est le raisonnement que s'est fait ce matin

M. Curet, et voilà pourquoi le rusé s'approche d'un pas de renard aux aguets de Pellaton et des autres descendants de Guillaume Tell, qu'il veut se donner pour auxiliaires.

— Eh bien! mes amis, leur dit-il d'une voix câline, la brise est belle.

— Très-belle, répond froidement M. Pellaton.

— N'est-ce pas que nous avons devant les yeux un magnifique spectacle?

— Magnifique.

— Et pourtant il y a parmi nous des cœurs aussi noirs que ces roches aiguës sont blanches.

— Lesquels, capitaine?

— On m'a volé deux poules.

— Elles devaient être bien coriaces.

— On ne le sait pas, je les ai reprises... Vous connaissez le fait, et j'espère, messieurs, que vous certifierez exact le procès-verbal que j'ai rédigé.

— Pardon, monsieur, mais nous n'avons rien vu, nous ne savons rien, nous ne signerons rien.

— Soit; mais vous voudrez bien, en échange de mes bons procédés, retirer devant témoins les regrettables expressions dont vous vous êtes un jour servis à mon égard.

— Oh! quant à cela, capitaine, comptez que nous les maintenons plus énergiques, plus méritées que jamais.

Éloquence perdue, câlineries jetées en vain sur l'arrière du navire; les Suisses, donnant un démenti au proverbe, point d'argent, point... sont restés dans leur intègre colère, et madame Curet pourra noter l'heure du désappointement de son mari en consultant la belle montre que ces messieurs lui ont fait accepter au Havre, en échange des bons procédés que leur promettait l'incorruptible capitaine.

La Terre des États est doublée, voici l'île l'Ermite, le point le plus ouest du cap Horn.

Voici encore Diégo-Ramirez, pic volcanique à peu près désert: nous voguons dans un nouvel océan, espérons qu'il sera moins monotone que celui que nous venons de quitter.

Qu'est-ce, en effet, qu'une navigation sans trombes, sans tempêtes, sans foudre sur les mâts, presque sans baleines, sans albatros, sans montagnes de glace au sud de cette terre méridionale d'Amérique qui a vu tant de désastres?

N'importe. Dieu est grand, lui seul sait ce qui nous est destiné dans l'avenir.

## PATAGONIE.

— La baie des Français. — Les Patagons. — Pouha-Pouha. — Le lazo. — Kaléo, fils de Pouha-Pouha. — Jep le Gaoucho. — Rivalités. — Défis. — Détails curieux. — Jaguars et tigres. —

---

D'un côté les Malouines, de l'autre la terre des Patagons; là un sol abrupt, pierreux, tourbeux, sans végétation; ici, une nature féconde, puissante, de vastes forêts, de hautes montagnes, des cimes neigeuses; à bâbord, courant vers le sud, des rives silencieuses, peuplées seulement de phoques et de pingouins; à tribord, des hommes gros, grands, charnus, basanés, nomades, intrépides, courant comme le pampero, indomptés comme lui et comme lui partant de la Terre de Feu et courant tout d'une haleine jusqu'au Rio de la Plata, où les abandonne la rafale polaire.

J'ai laissé, il y a bien des années de cela, les Malouines désertes et n'offrant au navigateur que leurs magnifiques rades aujourd'hui, grâce à quelques spéculateurs de la Grande-Bretagne, vous pouvez hardiment relâcher à la *baie des Français* ou dans tout autre port de la grande île, car vous y trouverez des vivres en abondance et les moyens de réparer les avaries que le cap Horn, d'accord avec les glaces, vous aura fait subir.

Si vous courez vers le continent et que vous mouilliez dans une de ces nombreuses anses dont il est festonné, les mêmes bénéfices vous échappent ; mais vous visitez un des peuples les plus curieux du monde, une nation à part, que la civilisation épouvante, qui fuit les cités, arpente les déserts et ne se plait qu'aux luttes quotidiennes qu'elle provoque contre le pouma et le jaguar, ses seuls ennemis.

Certes, le Patagon est déshérité de cette taille fabuleuse dont l'avaient doté les premiers navigateurs ; mais sa stature bien au-dessus de la moyenne et ses forces musculaires n'en font pas moins un être privilégié, taillé tout exprès pour le pays qu'il habite et que personne encore n'a songé à lui disputer.

Vous descendez chez lui : *Chaouha !* Ce mot veut dire ami. Vous le prononcez en tendant la main ; une main avance vers la vôtre, vous voilà de la bourgade, j'allais dire au milieu de la famille.

Chaouha, chez les Patagons, n'est pas seulement un mot, mais une chose ; chaouha signifie confiance, hospitalité ; malheur à vous si vous cherchez à le corrompre, à le pervertir ! Malheur à vous tous si vous vous jouez de ce qu'il a de pur et de sacré !

L'Europe voyageuse s'est fait un singulier système ; elle a cru que, dans ses relations avec les indigènes qu'elle appelle sauvages, elle pouvait, elle devait même user de ruses et de perfidies, et elle regarde encore comme une bonne fortune tout piège, toute duplicité dont elle rend victimes les peuples primitifs qu'elle visite... Étonnez-vous après cela des scènes de deuil qui pèsent souvent sur les navires explorateurs !

Je vous le dis parce que cela est, parce que je le sais, parce que je n'ai jamais eu à regretter ma croyance : soyez bon avec les méchants et vous les forcerez au repentir de leur cruauté. En arrivant chez eux, ne vous faites point précéder par de l'artillerie ; la confiance est un bouclier : la franchise apprend la franchise, la provocation excite au meurtre, et, comme chez certaines nations la vengeance est une vertu, vous comprenez combien il y a péril à commencer l'attaque.

J'ai trop couru le monde pour ne pas vous prêcher la prudence dans certaines relâches : mais il est des natures que rien n'a le pouvoir de soumettre : ni les gages d'affection, ni les menaces, ni le pardon d'un outrage ou d'un sacrilége ; eh bien ! même chez ces peuples si farouches, vous trouverez plus de sécurité dans vos caresses que dans vos colères, et si je trace ces lignes, si quelque île malaise ne me sert pas aujourd'hui de tombe, c'est que j'ai souri aux sifflements des casse-tête et que j'ai confié mon sabre et mes pistolets à celui qui était armé déjà du crish et de la flèche.

Il m'arrivera pourtant de prêcher une doctrine opposée, mais c'est seulement chez ces féroces insulaires du Pacifique, vivant de rapines et de carnage, ne voulant de vous que pour votre chair à mâcher, votre sang à boire, et peuplant leurs hideuses demeures de crânes et d'ossements humains.

Je vous montre du doigt les Fitgi, les Salomon, les Pelew, Ombay, et surtout cette Nouvelle-Calédonie, sol inhospitalier où l'anthropophagie est dans la religion, où le chef est celui dont le casse-tête a le plus brisé de crânes et dont la bouche a souri à plus d'agonies.

A la bonne heure, des canons braqués sur ces îles de lave; à la bonne heure, des descentes à main armée contre ces populations indomptées, que le massacre n'assouvit jamais et dont les idoles debout sur la plage, ou les moraïs, semblent prêcher le pillage et la destruction.

Mais la Patagonie n'est pas ainsi faite, et je ne veux pas laisser planer encore sur ce peuple qui occupe tant d'espace les accusations dont quelques navigateurs ont cru devoir le flétrir.

Je vis, un jour, à Montévidéo un de ces hommes centaures, dont les Argentins ne parlaient qu'avec une sorte de respect. Il avait plus de six pieds, ses cheveux étaient noirs et plats, ses yeux démesurément allongés, son front et ses pommettes en saillie, ses dents éclatantes de blancheur. Il portait la tête haute, sa démarche semblait alourdie, et l'habitude du cheval lui avait tellement arqué les jambes que vous auriez dit un torse debout sur deux parenthèses.

Je n'ai jamais vu de physionomie plus douce que celle de ce chef qu'on appelait Pouha-Pouha; dès que vous jetiez sur lui un regard d'intérêt ou seulement de curiosité, il souriait d'un sourire fraternel, et quoique son organe fût un peu rauque, il vibrait doucement à l'oreille, et vous deviniez la bienveillance dans les syllabes tombées d'une poitrine de bronze.

Une remarque me frappa surtout dans cet homme-colosse, c'est l'extrême délicatesse de ses pieds et de ses mains; et cependant là était toute sa puissance, toute sa domination : les pieds pour gouverner son cheval, les mains pour dompter le tigre.

Pouha-Pouha était admirable à voir, je ne me lassai pas de l'étudier.

Je le vis un jour se diriger, seul et pensif, vers

un rancho peu distant de la ville; je l'y suivis et j'entrai dans le cabaret peu d'instants après lui. Placé sur un banc qui faisait face au sien, je demandai un verre d'eau sucrée, et, m'adressant au Patagon, je le saluai par son salut favori, *Chaouha*.

— Adios, caballero, me répondit-il; tu peux me parler espagnol, et, si tu connais cette langue, notre conversation sera facile.

— Tu penses donc que je suis venu ici pour causer avec toi?

— J'en suis sûr. Voyons, que veux-tu savoir?

— Je désire savoir, Pouha-Pouha, comment glissent les jours que le Ciel t'a donnés et pourquoi tu sembles te plaire plus dans tes déserts que dans nos cités.

— Voilà deux questions auxquelles il m'est aisé de répondre. Je vis de mon activité, je dispute mon existence aux éléments et aux bêtes féroces, et je fuis vos cités, parce que je n'aime pas les prisons.

— Une prison qui renferme tant de monde n'en est pas une.

— Elle est plus vaste, voilà tout; mais le boire et le manger n'y sont pas moins chers à conquérir.

— Puisque tu te plais dans les luttes, poursuivis-je, en allant m'asseoir à côté de Pouha-Pouha, les villes t'offriraient les mêmes avantages que les déserts.

— Tu ne vois pas comme moi, Européen. Ici les membres sont enchaînés, et vous avez tant fait pour votre bien-être que vous ne laissez presque rien à la force et au courage.

— Tu n'aimes donc pas des auxiliaires dans tes combats?

— J'aime ceux que je me donne et non ceux qu'on voudrait me prêter.

— Quels sont-ils?

— Mon lazo, mes boules, un poignard dans une gaine fixée à chacune de mes bottes, et mon cheval que j'ai dompté ; avec cela je suis maître de l'espace.

Ces derniers mots, le Patagon les prononça debout et le regard flamboyant. Je le répète, il était vraiment magnifique à voir.

— Ainsi donc, poursuivis-je, quand tu trouves un jaguar sur ton passage, ton cœur ne bat pas?

— Si, d'impatience, de joie, car j'ai contre lui mon lazo qui le serrera bientôt comme un serpent.

— Et si tu trouves deux jaguars?

— A l'un le lazo, à l'autre les boules; deux combats, deux triomphes.

— Cependant, tu peux être vaincu; le lazo

n'est pas toujours fidèle à ta volonté; les boules peuvent s'égarer en route, et les allures du tigre sont rapides aussi.

— C'est ce qui fait notre orgueil; si nous n'avions aucun danger à courir, nous ne sillonnerions pas nos pampas que vous n'osez point affronter; et, quant aux craintes que tu parais éprouver que nous ne manquions parfois le jaguar, ne t'en préoccupe pas trop; après le lazo et les boules viennent les cuchillos effilés qui ne font pas grâce à l'ennemi, à moins que Dieu ne s'en mêle.

— Vous avez donc un Dieu dans vos contrées?

— Est-ce qu'il y a des contrées sans Dieu?

— Non, certes, Pouha-Pouha; ma question n'avait pas le sens commun.

— Elle était rationnelle : vous autres, citoyens de vos grandes villes, vous avez des temples, des églises dans chaque rue, et dans chacun de ces temples vous possédez un ou plusieurs de vos Dieux que vous placez sur une croix'ou que vous promenez parmi les hommes. Nous, pauvres sauvages, nous n'avons qu'un Dieu, un seul que nous créons dans notre esprit et dans notre cœur, et nous l'adorons dans son temple, qui est l'univers.

— Comment l'adorez-vous?

— En lui adressant nos prières, en lui de-

mandant la santé du corps, afin qu'il nous donne
des forces pour nourrir nos femmes et nos enfants.

— Votre religion vous permet-elle plusieurs
femmes?

— Notre religion ne nous en permet qu'une
seule, qui veille sur ses enfants tant qu'ils ont
besoin d'appui ; mais, dès qu'ils nous sont livrés,
ils parcourent avec nous les pampas et ce sont
bientôt des hommes.

— A quel âge cessent-ils d'être enfants?

— A quinze ans, nos fils doivent avoir vaincu
le jaguar et bravé le pampero.

— Lorsque ce vent redoutable nivelle vos
plaines, que lui opposez-vous?

— La ruse, et c'est le cheval qui nous l'enseigne. Dieu seul peut arrêter le pampero dans
sa course ; contre le pampero, le lazo, le poignard, les boules et le cuchillo sont sans puissance. Il gronde, il part, il s'élance, il est là et
là en même temps, il ne connaît que la ligne
droite, il attaque, il renverse, il brise, il charrie
tout avec lui, et, je te le répète, Dieu seul a le
pouvoir de l'enchaîner.

— Tu ne m'as pas dit comment vous lui échappiez.

— Dès qu'il paraît, le cheval hennit, il se couche ; nous nous faisons un rempart de son corps,
et la menace de Dieu s'accomplit.

— Croyez-vous, demandai-je à Pouha-Pouha, que Dieu vous envoie le pampero comme un châtiment ?

— Dieu ne châtie jamais, me répondit-il d'une voix plus grave ; Dieu créa l'homme pour la lutte et le pampero pour la destruction ; Dieu créa les flots pour envahir et les rivages pour leur opposer une barrière. Puis il a laissé marcher les siècles.

— Cependant vous avez chez vous des méchants et des bons. Comment récompensez-vous ceux-ci ? comment punissez-vous ceux-là ?

— Les premiers sont heureux du bien qu'ils font, les autres punis par le bien qu'ils ne font pas.

Un mouvement presque imperceptible d'impatience du Patagon me fit comprendre que je ne devais pas pousser plus loin mon interrogatoire sur sa philosophie religieuse, et je changeai de sujet.

— As-tu jamais couru de grands dangers dans tes courses au sein de tes déserts ? demandai-je à Pouha-Pouha, certain d'avance de recueillir une réponse héroïque.

— Le danger, me dit-il, n'existe que pour le lâche ; l'homme de cœur ne le voit nulle part, ou plutôt il court au-devant de lui... Mon fils aîné n'a que dix-sept ans, poursuivit-il avec un sentiment d'orgueil tout paternel; il partit un matin de sa cabane et rentra le soir porteur de quatre belles peaux de tigres, blessés tous au cou et lacés par les flancs. Mon fils lace le pouma, l'autruche et le condor planant sur sa tête; mon fils vaut mieux que moi, qui pourtant vaux quelque chose.

— Tu m'as parlé de cabane, vous en possédez donc?

— Sans doute, mais elles appartiennent au sol où nous les plantons; aujourd'hui sur la plage, demain dans les broussailles, une autre fois sur le sommet des montagnes ou au milieu des forêts... Je crois te l'avoir dit, notre pays est vaste et nous tenons à prouver qu'il nous appartient.

— Mais entre vous n'y a-t-il pas quelquefois des luttes pour la possession d'un terrain?

— Jamais. Le premier venu est le seul possesseur; l'autre se loge à côté, aussi près qu'il le veut, et il n'y a de rivalité entre nous que pour l'attaque du jaguar qui ose faire entendre ses rauquements.

— Que faites-vous des peaux de vos victimes?

— Nous en couvrons nos cases; elles nous servent aussi de couche, et lorsque nous en possédons une certaine quantité, nous allons les vendre à Buénos-Ayres ou à Montévidéo.

— Quel est le prix ordinaire de chacune de ces peaux?

— Les plus belles, celles qui ne sont trouées qu'au ventre, nous les donnons pour deux piastres.

— Ne les échangez-vous pas aussi contre de l'eau-de-vie?

— Oui, mais celui qui te parle n'a jamais bu que de l'eau. En revanche, il fume le jour, la nuit, à toute heure; la cigarette, c'est ma joie, ma famille, c'est mon bonheur.

— Comptez-vous les années comme nous? Quel est ton âge?

— Nous avons trois âges, pas plus : l'enfant, l'homme et le vieillard; celui du milieu protége les deux autres.

— Où allez-vous après la mort?

— Le corps sous terre, l'âme au-dessus des nuages, par delà les éclairs et la foudre, près, bien près de Dieu.

— Mais les méchants?

— Ils en sont plus loin; c'est là tout leur *châtiment*, pour me servir du mot que tu as employé tout à l'heure.

J'allais poursuivre, un sifflet aigu se fit entendre.

— Tais-toi, me dit Pouha-Pouha en se dressant de toute sa hauteur.

Un second sifflet retentit, mais avec une cer-
aine modulation.

— C'est lui, s'écria le Patagon, c'est mon fils
bien-aimé. Dieu soit béni !

Pouha-Pouha répondit au signal donné, il
s'élança hors du rancho, et bientôt le père et le
fils se jetèrent dans les bras l'un de l'autre.

— Ton cheval n'en peut plus ! dit Pouha-Pouha.

— C'est qu'il est venu comme le pampero.

— Tu m'apportes donc une bonne nouvelle ?

— Mauvaise, mon père, très-mauvaise.

— Parle vite en espagnol, mon voisin est un ami.

— Un navire anglais est venu, il y a quelques
jours, mouiller dans la baie d'Alios ; il manquait
de vivres, nous lui en avons donné ; il manquait
d'eau, nous lui avons donné de l'eau, ainsi que
du bois dont il avait besoin pour sa mâture.

— Oh ! les lâches ! Hâte-toi, Kaléo, parle ; tu
vois que je souffre.

— Figure-toi, mon père, que ces misérables,
abusant de la confiance de nos femmes qui étaient
allées leur apporter des provisions à bord, ont
levé l'ancre pendant la nuit, entraînant avec eux
six filles de la bourgade et ma sœur.

— Es-tu Anglais ? me demanda Pouha-Pouha
d'une voix de tonnerre, debout devant moi.

— Je ne suis pas Anglais, lui répondis-je en
lui serrant la main.

— Tant pis, tant pis, poursuivit-il avec un geste menaçant, car ma vengeance...

— Nous pouvons espérer encore, interrompit le fils, les ravisseurs courent au sud; ils ont dit qu'ils voulaient passer par le détroit : on pourrait les y attendre.

— En route, Kaléo, et que nos éperons déchirent les flancs du cheval.

Je n'étais plus là pour le Patagon; lui et son fils montèrent le coursier à demi vaincu, et bientôt ils disparurent à mes yeux.

Six mois plus tard les journaux d'Europe publièrent qu'un joli trois-mâts de Liverpool, qui passait par le détroit de Magellan, avait été attaqué par un grand nombre de *farouches* Patagons, que tout l'équipage avait été lâchement massacré et que plusieurs femmes sauvages, recueillies en mer par les Anglais, s'étaient vues enlevées et conduites de force au milieu des déserts.

Rapide comme le pampero, impitoyable comme lui, Pouha-Pouha s'était sans doute élancé vers la Terre de Feu et avait probablement attendu le trois-mâts au passage.

J'ai lu quelque part que la Patagonie est peuplée d'hommes inhospitaliers, en lutte permanente avec les nations civilisées et ne vivant que de pillage et de massacres. Pouha-Pouha, tu as accompli un acte de justice, tu te promèneras au-dessus des nuages, près, bien près de ton Dieu, qui veut que le père protége sa fille et châtie le traître et le ravisseur.

Le soir même du jour où je suivis le Patagon dans le rancho, je vis venir à moi sur la berge un homme petit, trapu, basané, qui, me prenant par le bras, me demanda cavalièrement le sujet de la conversation que j'avais eue avec le sauvage habitant des pampas. Surpris de cette indiscrétion, je refusai tout d'abord de répondre ; mais la question me fut adressée une seconde fois avec tant de courtoisie qu'il me devint impossible de garder plus longtemps le silence et que je racontai les confidences qui venaient de m'être faites.

— Est-ce bien tout? me dit l'inconnu en plongeant sa prunelle dans la mienne.

— Quel motif me forcerait aux réticences?

— Que sais-je? La crainte peut-être de m'affliger ou de m'irriter.

— Mais je ne vous connais pas.

— Je vous connais, moi, señor Santiago Arago, et je ne voudrais pas qu'on vous eût dit de ma famille et de ma race des choses que vous seriez fâché plus tard d'avoir écrites et publiées.

— Vous avez un grand avantage sur moi, répondis-je à mon interlocuteur, vous savez qui je suis, j'ignore à qui je parle ; vous connaissez le motif de la conversation que vous venez de provoquer, et je cherche en vain celui de l'interrogatoire que je consens à subir.

— Pardon, señor, vous saurez tout dans un instant; et ce n'est pas moi seul qui suis à vos côtés, mais bien un village, une province, une nation.

— Pardon à mon tour, señor, mais vous allez vous expliquer plus clairement sans retard, ou je cesse de vous entendre.

— Je viens au fait. Ce Patagon, cet homme géant, qui a si fort occupé votre attention, s'appelle Pouha-Pouha?

— Oui, il me l'a dit.

— Il vous a dit vrai. Moi, je me nomme Jep, Jep tout court; ma taille est si petite qu'en me répondant le Patagon avait toujours l'air de regarder ses orteils; eh bien! señor, soit à pied, soit à cheval, avec les boules ou le lazo, je suis plus grand, beaucoup plus grand que lui. Je suis plus fort, plus redoutable au jaguar; en un mot, je suis le géant et lui le nain.

— Votre provocation, car c'en est une, me semble un peu tardive; Pouha-Pouha est déjà bien loin d'ici.

— Oh! nous nous sommes vus de plus près, señor, et Jep, qui a l'honneur de vous parler, ne dit pas une parole qui ne soit une vérité.

Je regardai Jep avec un triste sourire, craignant d'avoir affaire à un de ces fous joyeux que les Américains du Sud laissent en liberté dans leurs villes; mais Jep comprit ou plutôt devina mes sentiments, et poursuivit avec une véhémence qui ne me laissait pas le temps de la réflexion :

— Pouha-Pouha est venu nous voir pour la première fois il y a six mois à peine. Sa haute stature, sa physionomie ouverte, les peaux de jaguar qu'il vendit au marché firent qu'on s'occupa beaucoup de lui dans la ville, et que nous, Gaouchos, nous parûmes dédaignés. Aussi les moins intrépides, les moins habiles d'entre les nôtres, nous résolûmes de provoquer Pouha-Pouha et de le détrôner aux yeux de ses plus chauds admirateurs.

— Je ne vois pas pourquoi la force de Pouha-Pouha faisait tort à la vôtre?

— Que voulez-vous! on a sa dignité à défendre, l'honneur de son pays à protéger, et les Patagons, tout grands qu'ils soient, ne baisseront jamais la tête pour nous regarder, tout petits que nous sommes.

— Soit; mais enfin la provocation eut-elle lieu?
— Oui, señor.
— Fut-elle acceptée?
— Oui, señor; et Buénos-Ayres, aussi bien que Montévidéo, en sait le résultat.

— Puis-je aussi le connaître?

— Oui, señor Santiago, et c'est pour cela que j'ai voulu avoir l'honneur de causer avec votre seigneurie.

— Dites, je vous écoute.

— Merci. Mes amis et moi nous tirâmes au sort pour savoir qui de nous irait porter un défi à Pouha-Pouha. Le sort me désigna, moi, et (je le dis franchement) il aurait pu choisir plus mal. Mendez, Iriarte, Gonzalès et vingt autres ne furent point favorisés, c'est moi qui me présentai à Pouha-Pouha... Le lendemain au point du jour, jarret contre jarret, lui et moi, montés sur notre cheval, nous nous enfoncions dans les pampas, après être convenus que chacun de nous attaquerait le jaguar à son tour. Ce fut lui qui commença, et, je vous l'avoue, il fut beau, vraiment beau, d'adresse et de sang-froid.

— Et vous?

— Oh! moi, j'eus affaire à un jaguar rusé, à un gaillard qui s'était vu serré de près plus d'une fois ; et j'en fus enchanté, car le Patagon était là, et comme je lui avais annoncé que je lancerais le jaguar par le jarret droit et le cou, il y allait de ma réputation à ne pas me fourvoyer, il y allait aussi de celle de mes camarades.

— Tîntes-vous parole?

— Tout Montévidéo vous l'assurera, car tout Montévidéo l'apprit par la bouche même du Patagon.

— Le duel finit-il après cette première épreuve?

— Non, señor, le duel, comme vous dites, dura huit jours, au lazo, aux boules, et le Patagon fut vaincu à chaque rencontre... Je gagerais qu'il ne vous en a pas dit un mot.

— Vous gagneriez.

— Eh bien! cela est mal, et d'autant plus mal que je ne vois aucune honte à vous avouer que son fils, celui-là même avec lequel il est parti ce matin, a lutté il y a quelque temps avec un avantage égal contre Gonzalès, notre maître à tous... Ce petit Kaléo est digne d'être Gaoucho. Nous l'appelons tous notre ami.

Les Patagons et les Gaouchos sont en rivalité permanente, et, s'ils n'étaient pas séparés par des déserts, le passage de chacune de leurs caravanes serait marqué par une longue traînée de sang. Le Patagon n'est point provocateur; mais si vous lui cherchez querelle, il se dresse et il se souvient alors qu'il a des boules, un lazo, un cuchillo, une escopette, un coursier, et qu'il lutte avec le pampero.

Mais voilà quelque temps que je vous parle du jaguar et du Patagon, et je ne vous ai pas dit comment la bête féroce était traquée dans les déserts... Je vous dois cette confidence, pardonnez-moi de vous rappeler mes vieux souvenirs ; ils ne sont pas tous sans amertume, et je n'aime à jeter au dehors que ceux qui peuvent intéresser ou émouvoir.

Il y a des peuples dont la conquête est impossible. Sauvages comme leurs éternelles solitudes, ils mettent entre eux et la civilisation une barrière de sables, de roches ou de forêts vierges dont eux seuls osent interroger le silence et la profondeur.

Les savants explorateurs n'ont ni le temps, ni le courage nécessaires à l'amélioration des races primitives qui n'ont pour ennemis, jusqu'à présent, que les bêtes féroces ou venimeuses et la colère des éléments. Là, cependant, serait la vraie gloire du *voyageur* qui comprendrait l'importance de sa mission ; là seulement il trouverait le prix de ses travaux et de ses fatigues ; là seulement il y aurait utilité dans le présent et dans l'avenir pour le prédicateur et le disciple, pour l'homme de la nature et l'homme de nos cités.

Quand les navires ont laissé tomber l'ancre dans une rade, croyez que le premier regard est un regard d'avidité. Si le sol est riche, on s'en empare ; s'il est abrupt, à peine les cartes nautiques ont-elles le soin d'en indiquer la position douteuse. L'avarice a les bras bien plus longs que l'humanité.

On a dit que les Patagons avaient communément une taille de neuf pieds. Le mirage probablement avait fasciné les yeux de l'observateur. Le Patagon est sans contredit le peuple le plus grand de la terre; mais sa taille, si c'est un mérite, est le moindre de ceux qui le distinguent. Écoutez.

A ses pieds, le désert; devant lui, sur ses flancs et après qu'il a franchi un nombre immense d'horizons, encore le désert, avec son silence, ses bruyères dévorées par un soleil brûlant ici, glacé là; et puis, de temps à autre, un roulement lointain faisant retentir le sol comme s'il répercutait la voix du tonnerre: des milliers de chevaux sauvages à la crinière épaisse et flottante, aux jarrets fins et nerveux, à la queue onduleuse, aux naseaux ouverts à toutes les brises, coursiers infatigables, façonnés aux bizarres caprices de la température de cette partie du nouveau monde, courant en écervelés d'une plaine à l'autre, traversant à la nage les rapides torrents et les larges rivières, s'animant et bondissant aux rauquements du jaguar, indigné qu'on ose lui disputer l'empire où il règne en dévastateur; et puis encore l'effrayant pampero, né dans les glaces polaires, vomissant ses écrasantes rafales sur le terrain qu'il nivelle, s'emparant des vieux troncs séculaires, les tordant en spirales, ou les arrachant de leur berceau et les faisant tournoyer dans les airs au gré de sa furie.

Eh bien ! là, là et là le désert, ici des chevaux indomptés, plus loin le jaguar, partout le pampero. Et un homme s'élance ; il s'élance seul ou presque seul, puisqu'il n'a pour compagnon qu'un ami, mais un ami fidèle, soumis, dévoué, reconnaissant la voix qui l'anime, qui le seconde dans son entreprise téméraire, et qui mourra sans pousser le moindre gémissement, surtout s'il a le bonheur de sauver son maître. Car lui, voyez-vous, il ne demande pas mieux que d'être esclave, quoiqu'il ait longtemps et rudement lutté pour son indépendance.

Le maître, c'est le Patagon ; l'esclave, c'est le coursier.

Ils partent. Le premier ne dit jamais adieu à sa famille, qu'il laisse, insoucieux, dans une bourgade, mais il lui dit : « Au revoir, » et son excursion cependant sera peut-être de quelques mille lieues, au travers des pampas désolées, qui ont donné leur nom au vent meurtrier sous lequel se courbent si près de leurs tiges les têtes desséchées des bruyères dont cette partie du monde est couronnée.

Au nord, la rivière de la Plata, aussi large

ue les nôtres sont longues ; à l'est, l'Atlantique
ont les îles sont de bitume ; à l'ouest, la Cordil-
ère neigeuse avec ses crêtes aiguës, ses vol-
ans d'air et de lave, ses lacs au-dessus des
nuages et ses cascades retentissantes ; au sud, la
Terre de Feu et le détroit célèbre par lequel
e Portugais Magellan riva deux Océans l'un à
'autre.

Voyez, le théâtre est immense ; toutes les populations du globe pourraient s'y promener à
l'aise. Et pourtant un seul homme part...
suivez-le.

La chasse du Gaoucho, je vous l'ai dite autre
part, et vous avez été sans doute épouvantés de
l'audace de cet indigène du Paraguay venant apporter à Buénos-Ayres ou à Montévidéo le pro-
duit de ses courses aventureuses.

Le Patagon, qui arrive de l'extrémité méridionale de l'Amérique jusqu'aux bords de la Plata,
se proclame et se croit le fils aîné du Gaoucho ;
et, s'il ne l'est point par le courage, il l'est du
moins par la vigueur de ses muscles et la majesté
de sa taille de géant. Le Gaoucho est petit,
osseux, parleur ; le Patagon est colossal, charnu,
taciturne ; ses cheveux sont longs et flottants et
sa poitrine est velue comme celle d'un ours.

Nul être au monde n'est moins marcheur que
le Patagon, qui croit en Dieu et pense que l'Être

suprême n'a créé le cheval que pour les seuls habitants de ses déserts. A qui a vu le Patagon essayant la conquête d'un coursier sauvage, la fable des Centaures ne semble plus une fiction. Tant que l'animal sera sur ses pieds, il aura le Patagon pour dominateur ; et quand le quadrupède se couche pour dormir, il n'est pas rare de voir le maître, étendu sur le sol, reposer aussi, sans cesser d'enfourcher son inséparable compagnon.

Il n'y a là, pour parler avec justesse, qu'une seule pensée, une seule vie, une seule âme pour deux corps.

Le langage du Patagon tient de la nature du climat qu'il habite : il est rapide, saccadé, turbulent ; mais, comme la rafale, il cesse bientôt, et l'on dirait que les longues conversations le blessent. La périphrase n'est point dans son idiome, que vous diriez composé de monosyllabes. Dans les querelles, le Patagon bourdonne quatre mots, s'arme de ses deux poignards, les agite, frappe, tue ou est tué.

Quand on habite un si vaste pays, quand on a un si long chemin à parcourir, on n'a pas de temps à perdre ; et, d'ailleurs, la prestesse des mouvements du jaguar, son ennemi naturel, l'a déshabitué de la réflexion. Les Napolitains ne sont lents et assoupis que parce que le Vésuve les menace longtemps avant de les frapper ; et le Cafre, si souvent traqué par le tigre et le lion, imite en tout le Patagon dans sa marche altière et dans sa façon de combattre.

Le Patagon s'est mis en route, en allumant sa cigarette et en sifflant un air d'indépendance ; son coursier s'est élancé dans l'espace, docile à la parole du maître, plus encore qu'au frein et à l'éperon ; et bientôt cavalier et monture ralentissent leur marche, car ils sont loin de toute habitation et l'ennemi peut les guetter à quelques pas d'eux, dans le creux d'une roche ou derrière une touffe d'arbustes rabougris. Tout à coup le cheval s'arrête et frémit, non de peur, mais d'impatience ; ses oreilles et ses naseaux sont dans un perpétuel mouvement, ses jarrets tremblent, ses poils se hérissent, et, d'un bond, il fait face à l'ennemi que son instinct a deviné.

Le Patagon a rejeté le reste de sa cigarette, il essaye si les poignards de sa botte sortent aisément de la gaîne, si le lacet fatal a l'élasticité voulue, et si les ressorts de sa redoutable escopette sont en bon état. Vous croyez qu'il se prépare à la lutte comme le fait un de nos soldats, silencieux et résigné sous les armes ? Non. le Patagon qui attend le jaguar a pris le parti de se parler à lui-même, comme s'il y avait deux volontés distinctes en lui ; et puis, il s'adresse au cheval, dont il caresse les précieuses qualités et dont il gourmande les défauts. Tout cela se fait, comme s'il récitait à demi-voix une leçon, ainsi que les dévots répètent une prière. C'est une sorte de bourdonnement monotone, pendant lequel toutes les mesures de sûreté sont admirablement prises. On dirait que, pour mieux se souvenir, le Patagon a besoin du témoignage de ses lèvres : « Et « mon lacet, se dit-il tout bas, est-il bien assu- « jetti? ne se noue-t-il pas dans ses sinuosités? « Allons ! allons ! la pointe des poignards est « aiguë, elle entrera froide au cœur. Ah ! ah ! « l'escopette, qui ne m'a jamais fait défaut, me « sera fidèle encore cette fois... Tiens ! et mes « deux boules si rapides, que j'allais oublier, in- « grat que je suis ! » Et il applique ses lèvres sur ses deux boules de fer.

« Et toi, Bep, dit-il encore à son cheval « attentif, songes-y bien : si tu tournes le dos au « jaguar, tu n'auras plus de défenseur et tu « mourras comme un lâche. Fais comme moi, « regarde-le en face, présente-lui ton poitrail, et « s'il se précipite, sois sans inquiétude, mon « brave compagnon : les balles de mon escopette « sont de plomb et vont droit au but, quand « mon œil les dirige. Maintenant j'entends les « bonds de notre ennemi : alerte ! et à nous « trois ! »

Le jaguar s'est présenté, en effet ; mais, en face d'un adversaire qui ne fuit point, il fait halte à quelques pas de distance, couché ventre à terre, afin de donner moins de prise à la balle, car lui aussi, tout brave qu'il est, a l'instinct du danger qui le menace.

Vous savez comment le lacet, après avoir tournoyé sur la tête, se précipite et étreint le terrible jaguar ; vous savez aussi comment il arrive parfois que les boules emprisonnent les jarrets de la bête furieuse ; mais ici le Patagon a imaginé une nouvelle manière de combattre qui tient du prodige, et il l'emploie afin de ne pas gâter la belle fourrure de son ennemi, qu'il s'est engagé à porter intacte à Buénos-Ayres, comme un trophée digne de sa bravoure.

Dès qu'il est sûr de n'avoir qu'un seul adversaire à combattre, le Patagon descend de son cheval, auquel il dit tout bas à l'oreille : « Ne « bouge pas, mon ami ; je suis là pour te pro- « téger. » Cela fait, il s'assied d'abord à terre, à la tête du cheval immobile, mesure de l'œil la distance à franchir, puis il se couche sur le dos, le lacet à boules à son côté, l'escopette meurtrière dans ses mains, le doigt sur le ressort, et il attend le jaguar. Celui-ci jette un regard fauve sur le coursier, qu'il croit sans protecteur ; il se dresse lentement, gratte le sol de ses ongles aigus, agite ses lèvres furieuses, clignote pour affaiblir les rayons du jour qui blessent son orbite, pousse un lugubre rauquement, s'élance comme un trait... Et c'est alors qu'il plane sur le Patagon, que celui-ci décharge son arme, l'atteint sous le ventre et l'étend roide sans vie. Si le coup n'a pas bien porté, les poignards font leur office, et c'est une nouvelle lutte à soutenir. La bête féroce a des dents et des ongles acérés, mais le Patagon aussi a des lames effilées et un bras robuste. Le sang de l'un et de l'autre coule par plus d'une blessure, et, dans ce choc ardent, il faut au moins une victime.

Par un dernier effort, le tigre se dresse sur ses pattes de derrière et se précipite sur son jouteur. Celui-ci, au lieu de fuir, se rue à son tour sur le poitrail ensanglanté de son ennemi, et les deux poignards, pénétrant au cœur, vont y chercher un dernier battement.

Le cadavre est sur le sol.

Tandis qu'a lieu ce dernier combat, qui parfois dure quelques minutes, et qui souvent tient, pendant une demi-heure, en haleine ces deux adversaires, habiles à s'observer, qu'a fait le fidèle et dévoué camarade du Patagon épuisé de lassitude? Rien. Il est resté fixé à la place que lui avait assignée le maître, suivant seulement de l'œil les chaudes alternatives de la querelle,

comme le ferait le témoin impassible d'un de nos
duels européens.

Il arrive parfois aussi que, dans ses courses au
travers du désert, le Patagon fait la conquête de
quelque peau de jaguar, sans qu'il en coûte rien
à son courage. Un cheval blessé ou malade est
resté sur le sol : deux tigres haletants se sont
rués sur cette proie, et les voilà, furieux, avides,
se refusant à tout partage, commençant entre eux
un terrible combat qui laissera au vainqueur deux
cadavres à dévorer. Si vous frémissez au tableau
d'une lutte engagée entre un Patagon et un jaguar, jugez combien le drame est palpitant, alors
que les deux bêtes furieuses se déchirent de leurs
dents et de leurs ongles avec leurs rugissements!
Le premier festin est oublié, et les fauves prunelles des deux tigres en fureur ne cherchent
plus un ennemi sans défense. Le Patagon peut
s'approcher alors sans crainte des athlètes : il peut
juger de la vigueur de la défense et de l'attaque ;
on ne songe point à l'inquiéter ; et si les deux
champions, après la lutte, ne sont point étendus
sur l'arène, le vainqueur sera une proie facile
pour le Patagon, qui méprise pourtant de semblables triomphes. Ce qu'il faut d'abord à celui-ci, c'est un danger ; ce qu'il veut ensuite, c'est une
peau de jaguar, bien conservée, qu'il puisse vendre pour quelques piastres, au profit de sa famille.

J'ai vu, à Montévidéo, un de ces indomptés promeneurs du désert, qui refusa dédaigneusement trois piastres pour deux de ces peaux de tigre déchirées, et qui me les offrit gratis un instant plus tard, parce que, me dit-il, il les avait obtenues sans le secours de ses lacets, de son escopette et de son poignard.

— Elles ne me coûtent rien, poursuivit-il en les jetant à mes pieds, je te les laisse au même prix.

Je fus un jour témoin, dans un café, de la conversation suivante entre un Patagon et un Gaoucho, tous deux intrépides et renommés chasseurs de jaguars. Elle eut lieu, du reste, avec un calme et une politesse de manières qui donnaient un parfait démenti à la vivacité des expressions dont chacun des adversaires semblait vouloir adoucir l'amertume.

— Eh bien, Marchena, dit en ricanant le Patagon, quelqu'un vient de m'assurer que tu avais fait, le mois passé, une chasse magnifique?

— On t'a menti, Apitah, répond celui-ci, sans ôter de sa bouche sa petite cigarette; jamais je n'ai été moins heureux.

— Pourtant tu as apporté à Montévidéo trois peaux de jaguars, et tu n'es resté que dix jours absent.

— Tout cela est vrai; mais les trois peaux

étaient trouées au-dessus de l'épaule, et même l'une d'elles avait le front déchiré.

— Tiens, tu n'étais donc pas en veine?

— Je ne sais, mais les jaguars esquivant adroitement mon lacet, je me trouvai dans la nécessité d'avoir recours au poignard.

— Trois fois de suite? c'est jouer de malheur.

— Cela peut arriver à tout le monde.

— Cela ne m'est jamais arrivé, à moi.

— Cela peut t'arriver demain.

— Dans ce cas, je renoncerais au métier.

— Pourquoi donc, puisque je continue?

— Chacun agit à sa manière. On m'a dit, poursuivit Marchena en pinçant ses lèvres, que, dans tes courses, tu n'aimais guère à t'éloigner de Buénos-Ayres. Est-ce vrai?

— Si peu vrai que j'ai fait mes dernières prises à deux cents lieues, dans l'intérieur des pampas.

— Personne n'était là pour garantie de tes paroles.

— Le jaguar dont j'apportai la peau en était une suffisante.

— Andreu me dit qu'il te l'avait vendue trois piastres.

Les deux interlocuteurs se levèrent, et le poignard des bottines se trouva dans leurs mains. Des voisins s'élancèrent sur eux; on les calma, et le résultat de ces provocations fut un défi accepté de part et d'autre avec une insolence de regard admirable.

Ils partirent le lendemain : huit jours après, tous deux furent trouvés morts sur les bords de la Plata, et horriblement mutilés. A côté de leurs cadavres presque méconnaissables, gisaient sans vie deux jaguars, criblés de blessures.

Je reverrai mes Patagons.

---

### LE CAP HORN.

— Ce qui remue le monde. — Le régime à bord. — La forêt des serpents. — Montagne de glace. — On nie le cap Horn. — Arcs-en-ciel lunaires. — Les Magellans. — Réveil du lion. — Rencontre d'une bouteille. — Iles de la Mère de Dieu. — L'anthropophagie. — Les Araucanos. — C'est ma fête. —

---

Les Argonautes allèrent jadis à la conquête de la Colchide ; les Aragonautes vont aujourd'hui à la conquête des moissons d'or de la Californie.

Le mythologique Jason fut le chef fabuleux d'une fabuleuse troupe de fabuleux guerriers armés de fabuleuses javelines ; nous, plus positifs, nous avons répondu à un sérieux appel, et, franchissant les mers les plus mauvaises du globe, nous nous sommes décidés à jouer un rôle actif dans le drame dont les *placers* californiens vont être le théâtre.

Ainsi donc, la toison d'or, la Colchide, les pommes d'or des Hespérides, la poudre d'or du Sacramento, voilà ce qui a remué, ce qui remue les populations, c'est-à-dire tout ce qui gangrène, tout ce qui corrompt, tout ce qui brûle : on a beau dire, les siècles se succèdent et se reflètent. Les premiers âges sont bien coupables !

Les Açores, Madère, les Canaries ont été dépassées sans incident remarquable, si ce n'est la mort de ce brave matelot que nous pleurons encore ; la cérémonie de la ligne est venue seule jeter quelques sourires aux lèvres des marins écrasés sous leur tâche ; et presque toujours à la bouline, nous arrivons par la latitude du Rio de la Plata, qui nous envoie, de par le fougueux dictateur Rosas et ses habitudes quotidiennes, les rafales les plus carabinées.

Cependant les jours diminuent, les nuits sont froides, le ciel est terne, bas et gris : nous cheminons vers les régions australes, et malgré notre impatience, presque tous nous désirons qu'une tempête comme on en voit trop souvent, hélas ! dans ces parages, nous pousse vers l'éternelle banquise, ce sol de glace où les ouragans, d'accord avec les siècles, ont bâti des clochers, des dômes, des galeries, des citadelles, des villes silencieuses, froides nécropoles que peuplent seuls les phoques, les plongeons et les pingouins.

J'avais admiré déjà ces magiques tableaux, mes camarades voulaient aussi avoir à raconter; mais les vents ont leur volonté souveraine, les navires sont leurs esclaves, et nous voilà courant de lentes et fastidieuses bordées entre la Patagonie et les Malouines.

Toujours de l'eau, toujours un horizon rétréci, toujours une nourriture de matelot, insuffisante et nauséabonde, toujours des scènes désolantes entre l'impitoyable capitaine et les passagers réclamant leurs droits méconnus... Vite, vite, Valparaiso ou la mort! Mais Valparaiso semble nous fuir. Rarement du pain, souvent un biscuit âcre, rugueux, coriace, du vin que j'appelle ainsi parce que nous n'avons pas dans notre langue de mot pour dire le genre et la nature de la chose, et, pour comble de misère, une eau grasse et fétide sur laquelle voltige une poésie omnicolore de petits vers coquets et lutins jouant à cache-cache comme le Trilby de Nodier, de si gracieuse mémoire.

Ombre de mon ami, pardonne-moi de jeter ton nom si justement aimé auprès de ce cloaque infect appelé charnier à bord, et que le parfum de tes rêveries ne saurait purifier.

Voici deux jours de bonne route, voici le ciel qui se colore et se pavoise... Marchons !

En vérité, je ne connais rien de plus drôlatique au monde que la physionomie et le langage de ces intrépides poltrons qui, après le danger, le narguent de leurs gestes, de leurs regards, de leurs railleries, comme s'il n'avait jamais existé.

Je me rappelle une course aventureuse que je fis un jour près de Delhy, à Timor, dans une sombre forêt où l'on m'avait assuré que je trouverais des boas, et je me le rappelle avec un profond sentiment de pitié pour mes bravades.

Je vis dans le dégoût du serpent, du crapaud, de l'araignée velue ; j'aimerais dix fois mieux me trouver seul face à face avec le lion qu'avec la vipère, et cependant, comme je m'étais vanté de ne pas reculer devant la témérité de la course, j'allai toujours, accompagné de mon brave matelot Petit, que vous aimez, j'en suis sûr, si vous avez entendu parler de lui.

Toutefois, si une force matérielle quelconque s'était opposée à ma résolution, là, franchement, je vous le dis à voix basse, j'aurais remercié ma bonne étoile.

Voici pourquoi ces réflexions rétrospectives :

Quelques bourrasques assez vigoureuses venaient de nous assaillir dans le parallèle des Malouines, alors que nous louvoyions entre ce groupe d'îles, de fatale mémoire, et la Terre des Patagons. Le vent devenant peu à peu maniable, nous lui livrâmes plus de voiles, et nous nous trouvâmes bientôt près de ce cap Horn, qui a vu tant de sinistres et fait pâlir tant de navigateurs...

— Terre! crie la vigie aux aguets.

— Montagne de glace! répond l'homme du bossoir.

Et tous les regards fouillent à l'horizon.

C'est la *Terre des États*; elle se dessine vêtue de son manteau de neige, âpre, désolée, tailladée, anguleuse surtout vers les premiers plans, telle enfin que je l'avais étudiée en 1821, trois jours avant le désastre qui engloutit ma belle *Uranie*.

La brise persistant, nous longeâmes toute la partie est de ce sol inhospitalier, puis tout le sud; et, six heures plus tard, nous naviguions dans l'océan Pacifique.

Là-dessus les lazzi, les quolibets, les ridicules lancés sur le cap Horn et ses menaces.

— Le cap Horn n'existe pas.

— Le cap Horn est un rêve des voyageurs.

— Le cap Horn n'a été imaginé que pour faire peur aux nourrices.

— Voyez! voyez! trois degrés de chaleur en

plein hiver; point de rafales, point de montagnes de glaces flottantes, point d'albatros.

— Arago, Bourges et Juan, qui ont doublé, disent-ils, le cap Horn, se sont moqués de nous; ils nous ont pris pour des niais. Haro sur eux!

Bourges, Juan et moi, nous n'osons plus nous serrer la main, nous cherchons à nous fuir, et nous allons jusqu'à douter de nos souvenirs de deuil; mais patience.

Voyez encore!

Rien ne manque à la majesté du tableau: ni ces poétiques arcs-en-ciel lunaires, si chauds, si diaphanes, qui semblent couronner la voûte azurée; ni les jets bruyants des baleines voyageuses, dont les élans refoulent les flots avec un lugubre retentissement; ni ces deux sœurs jumelles que la science appelle *les Magellans*, phares consolateurs des nautoniers égarés dans les espaces, rien ne voile le plus petit coin de ce cirque immense dont vous occupez le centre, et qui se perd là-bas, là-bas à l'horizon, dans un réseau de vapeurs sous lesquelles vous devinez deux Océans, presque toujours unis pour la destruction.

Ils étaient fiers, mes compagnons de voyage; ils allaient jusqu'à l'insolence, je vous l'ai dit.

Il paraît que le lion assoupi sur la pointe la plus méridionale de l'île l'Ermite entendit les railleries de *l'Édouard;* il s'en indigna, et, lançant sur nous un regard de mépris, il agita ses muscles, se dressa sur ses jarrets nerveux, s'enchâssa dans sa fauve crinière, rugit, et *l'Édouard* frémit dans toutes ses membrures... Les passagers s'interrogent d'un œil inquiet, et Bourges, Juan et moi, nous ne sommes plus isolés; la mer se gonfle, le ciel est gris, et l'on nous demande la cause de ce changement si rapide, avant que l'ouragan ait encore labouré l'espace.

— C'est le fabuleux cap Horn, répondons-nous avec le sourire aux lèvres; c'est ce cap Horn rêvé par des navigateurs croquemitaines des enfants, qui vient de déposer chez nous sa carte de visite; faisons-lui bon accueil.

C'est d'abord un bruissement aigu, courant à travers les cordages, grimpant jusqu'à la hune, et descendant en soubresauts diversement distancés; vous diriez des géants capricieux, jouant à la course sans vouloir s'atteindre, et vous croiriez les voir, tant leur passage est bref et saccadé; puis, sous la quille, des mouvements fébriles, nés du choc imprévu d'une lame voyageant en sens inverse d'une lame voisine, et, sur le pont, quelque chose de triste et de solennel.

Gare maintenant! la lame monte, s'allonge, se recourbe sur elle-même, part et brise son front contre la carène menacée! Vaincue dans cette première attaque, elle revient sur ses pas, s'élance de nouveau, et fait crier les bordages dans ses étaux de fer.

A la première commotion, les lèvres ont pâli, et quelques voix à demi éteintes se sont écriées : *Nous talonnons! le navire s'ouvre!* A la seconde, on se demande si la lutte sera longue ; et lorsque, enfourchant le beaupré, une vague furieuse passe sur le pont, le balaye et va ébranler le rouffle envahi, chacun se répète à voix basse : « N'insul« tons pas l'ennemi qui dort ; le lion redevient « lion dès que le sommeil fuit sa paupière. »

Après nous avoir rendu la foi, le cap Horn s'est calmé de nouveau, et, pareils aux trois Suisses de Gessler, Bourges, Juan et moi, nous nous sommes serré la main avec un peu de joie à l'âme.

Le cap Horn, mes bons amis, n'est ni la pointe la plus méridionale de cette Terre des États dont vous admirez la structure si pittoresquement tailladée, ni le promontoire le plus sud de l'île l'Ermite, ni la roche la plus avancée de la Terre de Feu, nommée ainsi sans doute par antiphrase. Le cap-Horn, vous ne l'avez pas vaincu quand vous avez dépassé son méridien, non, non ; le cap Horn, c'est l'espace renfermé entre le cinquantième degré de latitude dans l'Atlantique jusqu'au soixantième à peu près, et un espace égal du sud au nord dans le Pacifique. Là est le cap Horn.

Est-ce que la tempête est stationnaire? Est-ce que la rafale n'a pas des ailes de feu ou de glace? Est-ce que le vent jette l'ancre et ne secoue que la lame sur laquelle se balance le navire? Vous savez le contraire aujourd'hui, et si votre gaieté, sous les belles brises, a été presque une provocation aux colères australes, votre résignation de ce jour est une expiation dont le Ciel aura pitié, j'espère.

Voyez, voyez toujours : nous étions par le travers des Malouines, la mer escaladait les nues, chacun de vous admirait, chacun de vous était en extase... Silence! silence! regardez bien encore! Sur la cime moutonneuse de cette vague dont l'écume envahit le pont, se promène une bouteille. Dans la bouteille, vous remarquez un rouleau de papier, et, fixée au goulot par un fil carré d'une longueur de deux pieds, court aussi une planchette de quatre à cinq pouces.

Qu'est-ce donc? Un avertissement à coup sûr, une dernière pensée, un dernier adieu... Chapeau bas! c'est peut-être une immense bière qui passe.

Et maintenant que vous piquez au nord, maintenant que *l'Édouard* se penche dans les houles creuses du Pacifique, maintenant que le vent contraire le plus rude et le plus opiniâtre vous fait tourner dans le même cercle depuis quinze jours, vous vous humiliez devant la puissance fatale du cap Horn, vous venez me demander pardon de vos railleries contre lui, contre moi qui avais été victime de ses turbulences et de ses caprices.

Merci pour lui! merci également pour moi! car vous auriez appelé mon livre un roman, et vous voilà désormais forcés de convenir que j'ai fait de l'histoire, une histoire à l'encre rouge, c'est-à-dire tachée de sang, imprégnée de larmes.

J'en étais là de mes confidences de la journée, j'allais clore ce chapitre, que j'avais cru devoir occuper tant d'espace dans mon itinéraire, lorsque la carte consultée m'a dit que nous naviguions au milieu de l'archipel des Chiloë, tout près des îles de la *Mère de Dieu*.

Un nom qui dit l'amour, un nom qui dit la cruauté; une religion de tendresse, une religion de meurtre! Et je me demande à quoi pensent les princes de l'Europe de permettre que ce globe où se promènent leurs pavillons cache encore des anthropophages.

Il y a des mangeurs d'hommes aux Marquises, aux Salomon, aux Fitgi, à Ombay. Je les ai vus. Il y a des mangeurs d'hommes dans quelques îles à peu près ignorées de la Malaisie. Eh bien! nul navire, les sabords ouverts, ne vient cracher du bronze sur ces roches de lave, rouges de sang chrétien, et les massacres continuent, et les malheureux que la tempête a jetés sur ces plages y trouvent une mort horrible, à côté de cités florissantes, où le luxe des arts et de l'industrie promène son opulence et ses caprices.

En 1824, un baleinier fait naufrage sur la terre ferme, en face des Chiloë. Pas un homme n'en est revenu, tous y ont péri par la flèche, par le fer, tous y ont servi de pâture dans d'horribles festins.

Le navire était français, les feuilles françaises publièrent les détails de cette épouvantable boucherie, donnés par un indigène déserteur. On s'en émut un jour; le lendemain, nos princes chassaient le cerf dans une forêt royale, comme on avait chassé leurs sujets sur une plage inhospitalière.

L'anthropophagie est-elle dans les mœurs et dans la religion des Araocanos? Je l'ignore; mais que ces hideux festins soient le complément d'une vengeance ou un dogme à eux légué par leurs ancêtres, toujours est-il que la civilisation, l'humanité, veulent la destruction de cette race d'hommes, et qu'il y a honte pour l'Europe à laisser impuni le massacre d'un seul de ses enfants.

Il est écrit que ce chapitre aura plus d'étendue que je ne voulais lui en donner tout d'abord. La boîte où je renferme mes pensées était ouverte, le cahier s'y casait déjà ; une main affectueuse presse la mienne, puis en vient une seconde, puis une troisième, puis dix autres, puis vingt, et bientôt descendent dans mon âme de ces douces paroles qui refoulent les douleurs et font aimer la vie.

Mon parrain m'a baptisé Jacques ; seul à bord, je ne savais pas que la fête de mon patron avait sonné ; mais la généreuse brigade qui m'a choisi pour chef s'en est souvenue, et la voilà sur la porte de ma cabine, échangeant avec moi les sentiments de fraternité les plus chauds et les plus sincères ; la voilà me faisant oublier que mon réduit peut être demain une tombe et mon lit une bière.

O Valparaiso ! viens donc vite nous ouvrir ta rade consolatrice ! O belles Chiliennes, faites-nous entendre la musique de vos syllabes si coquettement accentuées, et que les cris aigus du capitaine Curet s'effacent de nos souvenirs comme ces horribles cauchemars que le jour chasse en naissant, et dont les douces émanations de la patrie ont à peine le pouvoir de nous consoler !

## ARRIVÉE AU CHILI.

— Valparaiso. — Les femmes au Chili. — Pérolina. — Son fiancé. — La danse pour briller. — L'église pour aimer. — A Lima, le poignard. — A Valparaiso, l'éventail. — La guitare. — La harpe et le piano. — Pieds imperceptibles. — Enthousiasme de nos compagnons. —

---

Terre ! Une rade, une ville, une capitale belle et riche, Valparaiso ; une république jeune et forte, le Chili.

Qu'allons-nous apprendre ? La chaîne se déroule, l'ancre mord l'abîme, l'*Édouard* frétille et se repose... nous seuls nous sommes impatients de mouvement et d'activité...

Vite, vite, cherchons les amis, la patrie, la famille... L'or californien nous occupera plus tard.

Je vous connais, mes beaux lecteurs, vous surtout mes curieuses lectrices, vous voudriez me savoir aujourd'hui un rayon de soleil sur la prunelle, ne fût-ce que pour recevoir de mes indiscrétions le portrait, plus ou moins détaillé, des Chiliennes qui passent là près de moi et me rajeunissent de leur doux gazouillement. Hélas ! hélas ! je ne puis vous faire que de vieilles confidences; il ne m'est permis de vous parler que d'un passé déjà bien loin de l'heure où je trace ces lignes; mais, s'il est vrai que les peuples conservent pendant plusieurs siècles au moins leur caractère primitif, si le frottement de la civilisation ne le modifie que lentement, très-lentement, je puis écrire sans crainte d'erreurs.

La femme du Chili est brune, mais d'un brun coloré de vermillon; ses cheveux se dressent noirs et onduleux sur un front large où vous croyez voir germer une virile pensée : ses yeux, bien fendus, bien posés, ne regardent pas, ils interrogent, ils veulent apprendre; ils cherchent un maître ou plutôt un esclave; ils parlent, ils dominent, ils règnent.

Je ne crois pas que la parole de la Chilienne pur sang soit jamais en désaccord avec son regard qui semble ne vivre que d'indépendance : en général, elle est brève, sonore, saccadée; elle martèle la phrase, elle la rend souple ou ferme à volonté; elle lui donne du nerf ou de la grâce, selon qu'elle glisse à travers des lèvres plus ou moins pressées; de telle sorte que vous devinez la haine ou la tendresse, la sympathie ou la répulsion, quelque soin qu'on mette à les déguiser, alors que vous écoutez des yeux ou de la pensée.

Vous seriez dans le vrai en écrivant que la Chilienne n'a pas d'enfance. On parle devant elle des choses les plus sérieuses et les plus intimes de la vie, comme si son intelligence ne devait pas se réveiller à certains tableaux, à certaines images dont les couleurs trop éclatantes se reflètent dans tous ses sens. Aussi êtes-vous souvent surpris, j'allais dire effrayé, d'entendre sortir de lèvres toutes roses, tout enfantines, de ces questions tellement décolletées, que vous demanderiez vous-même un peu moins de soleil ou de flambeaux pour répondre.

Et, prenez-y garde, ce ne sont pas les *enfants terribles* immortalisés chez nous par cet enchanteur appelé Gavarni, qui disent le mal, les hontes et les crimes sans les comprendre, qui flagellent du même trait la femme qui trompe et le mari trompé, qui dénoncent, accusent et trahissent le plus innocemment du monde. Point. Ici, au Chili, à Valparaiso, à Santiago surtout, la fillette que vous faites sauter sur vos genoux, l'espiègle à laquelle vous offrez un cerceau, la toute petite pensionnaire qui vient d'achever sa tartine de confitures et sa page de catéchisme, vous demande face à face, avec un malin sourire, sans voile au front… que sais-je, moi! On ne pose pas une question à laquelle on ne veut pas faire de réponse.

N'importe, tout cela est charmant, tout cela est étrange, tout cela vous fait aimer les voyages, out cela jette dans l'oubli les douleurs et les périls des traversées.

Il paraît que les petites manies, les petites habitudes, les petites manières se perpétuent avec une constance persévérante, encore plus vivace que les grands traits qui caractérisent un peuple... Pourquoi? je n'en sais rien, mais j'ai souvent fait cette remarque, et le Chili, comme le Pérou, comme le Brésil, me viendraient en aide si j'étais combattu par un de mes confrères.

A la promenade, chez elle, quand elle est seule, dans la rue, lorsqu'elle va, trottant menu, onduleuse comme un bambou et fière de ses hanches élastiques et de sa tête qu'elle porte avec une virile coquetterie, la jeune fille de Valparaiso, celle qui a plus de quinze ans et moins de dix-sept, remue continuellement les lèvres, comme si elle récitait la leçon du curé. Mes amis viennent de se convaincre que j'avais bien vu, et les voilà, ainsi que moi, cherchant la cause de ce muet bavardage, trop discret pour ne pas étaler au jour le double rang de perles enchâssées dans un double rideau de corail... Je le saurai, car voici Peppa qui ressemble à Thérésa, qui ressemble à Josepha, qui ressemble à Rosita, qui ressemblent à toutes celles que vous ne voyez pas.

Le hasard me fit trouver hier soir à côté d'une

de ces silencieuses bavardes, chez madame de B... J'interrogeai.

— Pourquoi, charmante Pérolina, demandai-je à ma voisine, récitez-vous vos prières au milieu de la foule qui rit, joue, fume et sautille?

— Qui vous dit que je récite? me répondit Pérolina d'une voix brève.

— Le mouvement de vos lèvres.

— Vous ne le voyez pas, puisque vous avez le malheur de ne pas y voir.

— N'importe, je devine, ou plutôt je sais; car j'ai vu, et je vous ai souvent étudiées, mes gracieuses.

— Pardon, señor; mais vous avez mal étudié. Quand la jeune fille se parle, ce ne sont pas ses lèvres qu'il faut regarder, ce sont ses yeux; là est la pensée, là est le cœur, là est la passion. Réciter est le rôle du perroquet, et si nous avons ses ailes, Dieu merci! nous ne possédons pas son caquetage. Le corps chemine, mais la pensée va plus vite que lui; elle court, elle devance les années lorsque nous sommes enfants, et précède les jours lorsque nous nous sentons une âme. Nous vivons ainsi du présent, du passé, de l'avenir: trouvez-vous que ce soit folie?

— Je le crains.

— *Loco! loco!* Tenez, demain matin je dois voir Joseph R... qui veut m'épouser... Eh bien!

causais avec lui, et, quoique absent, il causait avec moi ; j'avançais l'heure, voilà tout.

— Vous disait-il de jolies choses?
— Il m'aime.
— Il vous grondait donc?
— Oui, et j'étais heureuse ; cela est si bon d'inspirer de la jalousie !
— Et s'il vous quittait?
— Impossible ! je ne lui ai rien promis encore...
— Et si vous lui aviez donné?... poursuivis-je assez témérairement.
— Oh ! alors j'aurais peur ; aussi je me tiens sur mes gardes. C'est que pour nous, jeunes filles, le péril est toujours là, puisqu'on nous attaque sans cesse. Quand nous aimons un peu, c'est trop ; quand nous aimons beaucoup, ce n'est pas assez... Le premier moment est le plus dangereux, et je l'ai passé, moi, sinon sans larmes, du moins sans chute.
— Comment ! vous avez pleuré votre triomphe? dis-je avec un étonnement que je ne pus maîtriser.
— Certainement ; il était si malheureux, et maintenant peut-être doute-t-il de mon amour.
— Est-ce bientôt qu'il doit en être convaincu?
— Après-demain...

La porte s'ouvrit.

— Le voici, me dit Pérolina. Restez ; il me cherche, et j'espère qu'il sera jaloux de me voir causer avec vous.

— Des cheveux blancs, des yeux sans regard, un front découronné !

— La jalousie, señor, est de la déraison, et hier je lui fis une querelle horrible, parce qu'il s'assit à côté de Thérésita.

— Quel âge a-t-elle ?

— Une ruine, une antiquité !... vingt-sept ans.

L'amoureux, le fiancé, vint malheureusement interrompre une conversation si bien commencée ; mais, un quart d'heure après, il me rejoignit et m'invita de la façon la plus affectueuse à son mariage.... Ce sont là de bonnes fortunes qu'on n'a garde de laisser échapper.

Étudions.

On m'a dépoétisé le costume des Chiliennes ; on me les a francisées. Les vandales n'ont rien épargné, pas même leur mantille de dentelles, dessinant la taille comme un corset, et lui laissant toute sa souplesse et sa témérité. La Chilienne n'a point de mérite, je devrais dire de défaut qu'elle rougisse d'étaler au grand jour, et je pense qu'elle se croirait vicieuse de ne pas l'être un peu : le soleil a bien ses taches.

A Lima, les femmes sont joueuses jusqu'au

rime ; ici, elles se sont corrigées de cette honte. La danse pour briller, l'église pour aimer, voilà le jour, voilà la nuit de la Chilienne... à peu de chose près.

A Lima, on s'amuse encore au poignard ; à Valparaiso, on ne s'amuse qu'à l'éventail. Dans les doigts de la jeune fille agenouillée, il a ses colères, ses bouderies, ses espérances, ses craintes, ses épanouissements : il est tout un livre, toute une histoire. Les Champollions de la république le comprennent à merveille ; ils savent, sans que la parole soit arrivée jusqu'à eux, l'heure du rendez-vous, celle du mystère ; hélas ! celle aussi du changement. La femme est femme avant tout, dans toutes les parties du monde.

Le peuple joue encore de la guitare, et danse la ségadilla échevelée ; la fashion fait vibrer la harpe et le piano. O maudits soyez-vous ! Erard, Souffléto, Pleyel, Herz, qui bouleversez ainsi les empires et jetez la France, la hideuse France, dans les régions les plus éloignées que l'explorateur ne visite plus aujourd'hui qu'avec une tiède curiosité !

Pardon, pardon à vous. Liszt, Chopin, Talberg, Codine Prudent, Konski ; pardon à vous, Pleyel, Loveday Martin, Masson... d'harmonieuse mémoire. Mais, que voulez-vous ! ma blanchisseuse tapotait du piano, ma portière tapotait du piano, ma crémière, ma cordonnière, ma chatte, mon caniche, tapotaient du piano, et à moins qu'on ne s'appelle, à moins qu'on n'ait brillé au ciel des beaux-arts comme les noms auréolés que je viens de vous citer, on ne doit plus avoir de piano chez soi que pour meubler un trop vaste appartement, ou pour endormir les enfants au berceau.

Vous ai-je dit que la Chilienne marche, qu'elle marche au moins autant que vous et moi, quand nous n'avons pas de voiture, et que nous courons à un appel signé Regnier, Brohan, Sivori, Roger, Pellegrin, Altès, ou Talberg? Si je vous l'ai dit, je le répète et je vous l'affirme; car vous pourriez en douter à l'aspect de ces pieds mignons, imperceptibles, attachés avec une inconcevable coquetterie à des jambes fines et déliées, dont la Diane chasseresse aurait eu raison de se montrer jalouse.

Toutes ces richesses, tous ces bienfaits d'un ciel généreux et d'une nature féconde, font pousser des cris d'enthousiasme à mes compagnons de voyage; et moi, heureux de donner un démenti à ceux qui croient à la dégradation physique de l'espèce humaine, je me félicite de pouvoir comparer le présent au passé, en ressaisissant mes vieilles émotions dans les émotions de ceux qui m'entourent.

Maintenant, courons vers notre but, et ne nous endormons pas dans les délices de Capoue.

---

## LES THÉATRES.

— Santiago a deux salles. — Les rats des deux pays. — Tout, excepté le vaudeville. — Ce qu'on fait des couplets de Scribe, Mélesville, etc. — Déjazet, Rose Chéri. - Scriwaneck, Arnal, Bouffé, etc. — Littérature du jarret. Paquita la joyeuse. — *Les Sept Degrés du crime*. — Casaenberta. — Sa mort. — Santiago, capitale du Chili. M. Alexandri et ses marionnettes. — Les acteurs. — O'Logblin. — Sa femme. — La Cachucha. - El Sapado — Théâtre de l'Universidad. Les servantes portant les chaises. — La pièce commence, les esclaves sortent. Les fleurs au théâtre. — Le souffleur fume dans sa niche. — On applaudit à coups de banquettes. — Avez des souffleurs poitrinaires. — Moins de pugilat, moins d'amoureux. —

---

Santiago a deux salles, hideuses, froides, ouvertes à tous les vents par les tremblements de terre, et dont prennent possession, avec le public, — quand par hasard il y a un public, — des légions de rats, gras, gris, gros, bien différents, hélas! de ceux qui, chez nous, occupent si fort les jumelles des lovelaces surannés du parquet et des avant-scène.

Les rats d'ici, comme ceux de notre pays, vivent dans les coulisses et des coulisses; ils y grignotent, ils s'y blottissent, ils y multiplient, ils sont vêtus de fourrures; mais ils en diffèrent essentiellement, puisqu'ils mettent tous leurs soins à fuir le monde, à éviter les regards, puisqu'ils ne se parent ni de soie, ni de velours, ni de dentelles, ni de tendresse.

Abandonnons cependant les rats des deux pays et prêtons l'oreille aux artistes qui passent et qui parlent devant nous. Les loges auront leur tour.

On joue tout à Santiago, tout, excepté le vaudeville, pour lequel les Chiliens professent le mépris le plus profond. Remerciez donc vite Scribe et Mélesville, Duvert et Lauzanne, Bayard, Clairville et Dumanoir, Desvergers et Varin, Dénery et Labiche; remerciez aussi Déjazet, Rose Chéri, au talent si sympathique; Meley, qu'on écoute des oreilles et du cœur; Page, Scriwaneck; et vous aussi, Bouffé, Arnal, Félix, que je crois entendre au moment où je trace ces lignes, baignées par les regrets de vous avoir quittés; souriez également, Levassor, Tousez, Lemesnil, couple Taigny, Ravel, Grassot, Sainville, dont le souvenir m'est si précieux; tendez la main au Chili, qui traduit vos œuvres, qui cherche à s'inspirer de vous et enlève lâchement les couplets de ces stupides chefsl'œuvre dont vous enrichissez votre mémoire et les directeurs, qui vous bénissent.

Hier, pourtant, j'ai fait jouer à Valparaiso un vaudeville mauvais des pieds à la tête ; il a été chaudement applaudi, mais on m'a dit avec menace : « N'y revenez pas ; une fois n'est pas coutume ; nous vivons dans le mépris des couplets jetés au milieu du dialogue. »

Je vous demande ce que viendraient faire ici *la Famille de l'apothicaire*, *le Mari de la dame de chœurs*, *Ma femme et mon parapluie*, déshérités du trait, du madrigal, de l'épigramme, qu'on ne se donne même pas la peine de convertir en prose... C'est à souffleter les Chiliens, à bouder les Chiliennes ; c'est à désespérer du sourire ; et pourtant j'aime les uns et je ne hais pas les autres : demandez à... Les noms m'échappent.

En revanche, la littérature du jarret et du tibia est plus respectée de la République du Sud ; les ronds de jambe ont beau faire des hiatus, les pirouettes ont beau torturer les hémistiches, les jetés-battus ont beau escamoter les rimes, loges, parterre, *cazuela*, battent des mains, trépignent, hurlent, aboient, rugissent dès que paraît la sauteuse, dès que s'élance le baladin.

Vous comprenez, Paquita, gracieuse comme un bouquet de madame Prévost, jeune et fraîche comme une pensée d'amour, que ce n'est pas sur vous que tombent ces lignes irritantes.

Vous avez de la grâce, de l'élégance, vous êtes jolie, vous êtes aimable, sage surtout, hélas! et j'ai eu autant de plaisir à vous entendre vous, Catalane émérite, que les républiques d'ici en ont à vous voir... Salut, Paquita aux petites mains, aux grands yeux; salut, Paquita la joyeuse, à l'organe si suave, à la parole si coquettement modulée; salut aussi à toi, frère de Paquita, qui veilles sur ta sœur comme la mère sur son enfant bien-aimé! je vous quitte, je ne vous oublie pas.

C'était hier dimanche; on jouait sur le théâtre de l'Universidad *les Sept Degrés du crime*, dont Victor Ducange a doté nos boulevards (il y a de cela bien des années); un artiste de talent, Casacuberta, remplissait le principal rôle dans cette monstruosité mélodramatique; il entre en scène et dit : « *Cette pièce me tuera!* »

Quelques heures après, il rendait le dernier soupir au milieu de ses amis et de la foule, attendrie et haletante à l'agonie du comédien, dont l'estime publique, bien plus que les bravos, flattait le cœur.

Le lendemain, à minuit, Sarmiento, ce républicain énergique et passionné, ce publiciste distingué, dont je vous parlerai plus tard, ainsi que Fernandez Rodellas, poëte plein de grâce et d'élégance, prononçaient quelques brèves paroles sur la fosse de Casacuberta; et moi, que l'on avait convié à cette triste cérémonie, je fis également mes adieux à celui que j'avais applaudi la veille avec enthousiasme.

Santiago est la capitale du Chili; Valparaiso ne vient qu'en seconde ligne, et cependant, ici seulement vous trouvez un théâtre digne, vaste, une salle admirablement coupée, des loges spacieuses, de la propreté, du confortable et même du luxe.

M. Alexandri a passé par là; mais qu'est-ce donc que M. Alexandri?

Aventureux, entreprenant, plein de cœur comme Colomb, dont il est le compatriote, pauvre d'argent comme lui, et comme lui riche d'avenir, il se jeta un jour en avant, n'ayant pour vivre que l'adresse de ses doigts et un jeu complet de marionnettes.

C'est peu, n'est-ce pas? Eh bien! il n'en a pas fallu davantage à M. Alexandri pour arriver en peu d'années à une magnifique fortune.

Les piécettes devinrent bientôt des piastres, les piastres se changèrent en onces; et, sans être dédaignées, les marionnettes dormirent à l'antichambre.

La Bolivie et le Chili se querellaient, ainsi que le font d'excellents voisins qui se détestent;

l'argent d'Alexandri servit aux frais de la guerre ; il se fit patriote, il remplit les coffres de celui qui savait en disposer avec un si noble discernement, et comme la boule de neige grandissait à chaque opération, j'allais dire à chaque bouffée, Alexandri voulut que le pays auquel il devait sa fortune lui dût à son tour un bienfait.

Tout s'enchaîne ici-bas ; les pantins précèdent les marionnettes, celles-ci précèdent les saltimbanques, les saltimbanques deviennent des histrions, et vous savez que bien des histrions sont devenus grands artistes.

Je vous parlerai demain peut-être de *la Chingana*, dont ma mémoire garde un si douloureux souvenir.

Alexandri en fut, sans nul doute, blessé comme moi, et le voilà courant après une réputation solide, créateur, par la pensée, d'un théâtre rival des plus beaux de l'Europe.

Dans les cœurs bien placés, un noble projet conçu est un fait accompli.

Peintres, architectes, décorateurs furent conviés à la fête ; on en fit venir de Paris, d'Espagne, d'Italie : Alexandri pressa l'œuvre, et bientôt Valparaiso eut un monument.

Je devais ces lignes à l'homme qui a compris que les arts sont une richesse nationale ; je ne vous dirai rien de sa famille, famille distinguée, élégante, instruite, que l'on voit avec tant de bonheur, que l'on quitte avec tant de regrets.

Passons vite pour ne pas trop nous rappeler que quatre mille lieues séparent Valparaiso de Paris.

Croiriez-vous l'intelligence et les sens des Chiliens assez blasés pour ne pas vouloir entendre trois fois le même ouvrage? C'est à lasser la mémoire des artistes, c'est à désespérer du théâtre dans l'Amérique du Sud.

Eh bien! il y a des hommes tellement fiers de leur profession, qu'en dépit de cette écrasante antipathie dont je vous entretenais tout à l'heure, ils se livrent à de profondes études, à des travaux très-sérieux pour doter leur pays des chefs-d'œuvre de tous les empires, au risque de voir leurs travaux perdus, leur talent incompris.

O'Loghlin, par exemple, que vous aimeriez comme moi, si, comme moi, vous l'aviez connu; O'Loghlin, le directeur actuel du théâtre de Valparaiso, est taillé sur le modèle de l'homme d'élite dont je viens de vous parler.

O'Loghlin possède son Corneille, son Racine, son Molière, son Shakspeare, son Hugo, son Dumas, aussi bien que Caldéron et Lope de Véga, flambeaux de sa patrie.

Dans le monde, O'Loghlin a les manières distinguées d'un Lauzun et d'un Richelieu; au théâtre, il saisit avec un bonheur inouï les nuances les plus délicates des rôles qui lui sont confiés.

Insoucieux des traditions, il va de çà, de là, comme un étalon indompté ; il traduit les passions avec une énergie qui dépasse quelquefois le but, mais sans faire loucher la logique, et vous ne sauriez croire combien il y a d'imprévu dans son jeu et dans son organe.

Si je vous donnais la biographie complète d'O'Loghlin, vous croiriez au désordre d'une imagination en délire ; j'aime mieux glisser sur les premières pages de sa vie et vous dire que rien n'est pur, honnête et bienveillant comme madame O'Loghlin, dont le théâtre s'honore et qui pleure comme Dorval, de si regrettable mémoire.

O'Loghlin a traduit, pour le théâtre qui lui est confié, bien des pièces de notre répertoire, et pourtant il savait bien que le jour où il les verrait naître, il les verrait aussi mourir.

Hélas ! hélas ! *la Cachucha*, et *Sapado* jouissent de plus de priviléges, et le public chilien verrait tourner sur son orteil un corps souple et rondelet pendant un quart d'heure, qu'il crierait *bis* et battrait des mains, comme on le fait à Lima la chaste à un magnifique combat de coqs.

Je sais bien que les détails qui vont suivre n'ont pas la dignité que vous voudriez trouver dans un sujet aussi grave, mais tout n'est pas fleurs dans un parterre, tout n'est pas joie dans les amitiés, tout n'est pas bonheur dans la tendresse maternelle; d'ailleurs, c'est le contraste qui fait le pittoresque. Suivez-moi.

Il en coûte quatre réaux pour une place dans une loge, plus un réal pour chaque chaise. Mais vous n'avez payé cette somme assez rondelette que pour entendre une fois seulement la pièce annoncée sur l'affiche; eh bien! un homme est là qui pense qu'on vous doit du retour, qui vous offre généreusement les intérêts de votre argent et vous force, bon gré, mal gré, à entendre deux fois l'ouvrage qu'on représente : cet homme, c'est le souffleur.

Oh! lui, je vous en réponds, ne souffrira pas que l'acteur prenne son rôle sur un diapason plus élevé que le sien : il crie, il hurle, il tempête, il beugle la pièce d'un bout à l'autre, depuis le premier mot jusqu'au dernier : rôle de tyran, rôle de niais, de bambin ou de soubrette, n'importe! et vous l'entendez des loges et du cintre, comme vous jouiriez du cornet à piston ou de la trompette d'un conducteur de diligence, alors que le terrible « *Roulez!* » retentit au départ d'une capitale.

A l'*apuntador* du théâtre de Valparaiso, — je rougis de honte pour MM. O'Loghlin et Alexandri, — on ne donne que trente piastres par mois ; et cependant, cet *apuntador*, à la poitrine de bronze et dont l'organe descend trois notes au-dessous du trombone, est un homme d'esprit et de poumons ; il y a là une grande injustice à réparer.

Certes, c'est là une chose bien déplorable que ce souffleur, à la voix de stentor, récitant cinq actes, cinq actes longs, serrés, compactes, tout d'une haleine, sur la même note !!

Encore un pas vers la capitale. Placez-vous maintenant à la porte de l'un des théâtres de Santiago, l'Universidad ou la République, et voyez entrer les dames parées de leur magnifique chevelure, de leur voile tombant aux talons et de leur allure d'amazone... ; une servante est derrière elles, portant des chaises, comme elles le font elles-mêmes du tapis, lorsqu'elles vont s'agenouiller à l'église. Les unes et les autres entrent ; les premières ont maintenant de quoi s'asseoir dans leurs loges, les *esclaves* sortent ; et le lendemain elles retournent au théâtre, où, sur un bon de leur maîtresse, on leur rend les chaises apportées.

Si vous ne savez point cet usage, et que vous vous rendiez à une représentation quelques instants avant le lever du rideau, vous croyez vous acheminer vers un bazar pour assister à une vente de vieux meubles enlevés par autorité de justice.

Au surplus, dès qu'il s'agit d'une représentation solennelle, dès qu'il est question du bénéfice d'un artiste aimé, les loges de l'Universidad, mais surtout celles de Valparaiso, ressemblent à de véritables corbeilles de fleurs au milieu desquelles on aurait semé quelques diamants, tant les yeux des Chiliennes lancent des éclairs, alors que la foule est là pour la critique ou pour la louange... Ce sont *les Italiens* à Paris, quand l'Alboni, la Persiani, Lablache, Ronconi et Mario nous disent les mélodies des grands maîtres de l'art.

Oui, sans doute, tout cela est bien, tout cela est encourageant, tout cela jette dans un avenir plein de gloire; mais j'invoque des réformes! Que voulez-vous espérer pour l'avenir d'un théâtre où les dames font apporter leurs chaises, où le souffleur est plus entendu que l'artiste, où il fume dans sa niche pendant la représentation, où l'on vit dans le mépris du vaudeville?...

Quant à moi, je garde précieusement dans le cœur le souvenir de la faveur immense que m'ont accordée les Chiliens; et j'ai cru cent fois plus à Porcher, notre bien-aimé capitaliste, en entendant applaudir mes couplets rimés au mugissement des lames du cap Horn et aux rafales qui faisaient crier le navire par le travers des Chiloë.

Oui, mes amis de Valparaiso, si vous voulez

un théâtre qui vous rappelle parfaitement l'Europe, faites que les applaudissements n'aient pas lieu à coups de banquettes, que le souffleur soit poitrinaire, que les Yankees et les Français ne s'y livrent point quotidiennement à de sanglants pugilats, que les jeunes filles et les nobles dames ne jettent pas tant de bouquets aux artistes médiocres, que l'on y joue plus d'une fois un magnifique chef-d'œuvre, que les armées innombrables de puces ne fassent plus un parterre de spectateurs, et que Margarita ne s'entoure point, pendant la pièce, d'un essaim d'amoureux couvrant même la voix du souffleur, dont vous connaissez aujourd'hui la puissance.

Chiliens, Scribe ou la mort! Le vaudeville ou le deuil!... Vous êtes avertis; ma fervente amitié pour vous ne se dément pas plus de loin que de près.

Alexandri vous a dotés d'un magnifique théâtre, secondez l'intelligence d'Alexandri, si vous comprenez votre gloire et vos plaisirs.

## LA CHINGANA.

— Il faut connaître la Chingana. — Bal et concert. — Le public, les hommes, les femmes. — Prenez votre billet. — Quel billet ! — Prenez un verre de maté. — Quatre lustres et autant de chandelles. — Mouchettes naturelles. — Point de rideau. — Les instruments sont la guitare, la harpe et la table de nuit. — Mécanisme de cet instrument. — Ongles de trente centimètres, taillés à la chinoise. — La danse et les cris de la foule. —

---

Nul n'allait à Corinthe sans admirer Aspasie ; nul ne doit aller à Rome sans voir le pape et s'agenouiller devant Saint-Pierre ; nul ne visite Londres sans étudier Saint-Paul, Westminster et le tunnel ; nul ne parcourt Paris sans s'arrêter au Louvre, à la place Vendôme, au Panthéon, à l'Observatoire, aux Invalides ou aux Abattoirs ; nul ne peut avaler la poussière prosaïque de Valparaiso sans connaître la Chingana.

La Chingana est la joie de la Chilienne pur sang ; elle vit de la Chingana comme elle vit de la Cazuela au théâtre ; elle veut de la Chingana le matin, le soir, elle en voudrait la nuit, si les insectes, ses camarades de chambrée, ne réclamaient pas leur proie quotidienne ; elle veut de la Chingana sous les rayons d'un soleil vertical, sous les flagellations d'une pluie battante, sous les bouffées niveleuses du vent du sud, décapitant ses montagnes.

La Chingana, mes amis, ce n'est ni un collier, ni un mari, ni un amant, ni un cachemire, ni une orgie chilienne.

La Chingana est une salle de bal et de concert à la fois, où brille la Samacuecca, de soporifique mémoire.

Voici le temple.

La masse des curieux, des amateurs, des impatients, occupe un espace de la rue assez restreint, parce qu'elle s'agglomère, parce qu'elle se surplombe, pour ne rien perdre au dehors des merveilles du dedans.

Étudions ces physionomies dont le type m'est déjà si connu.

Ce sont des hommes gros, lourds, replets, puants, couverts d'un *poncho* en haillons, d'un sale pantalon et d'une chemise qui porte un insolent défi à l'égout voisin ; ce sont des fronts sans cheveux, des cheveux sans fronts, des joues éraillées, des mains calleuses, des yeux fauves, des bouches causant tout bas à l'oreille et disant, sans doute, des choses intraduisibles par aucune langue. Dieu ! que ces figures sont bestiales ! que cet idiome blesse l'ouïe ! que le contact de pareils êtres donne de frissons !

Vite, vite, fouillons le dedans et mettons-nous à l'abri des misères du dehors.

Et moi qui oubliais de vous dire qu'il y a là aussi des femmes — je ne me trompe pas — de vraies femmes, vêtues de jupons, de rubans, de fichus et de bas; des jeunes filles avec leurs longues tresses noires, leurs yeux noirs, leurs sourcils noirs, leurs ongles noirs et leurs dents blanches. C'est peu courtois, j'en conviens; mais les chevaliers de la Table ronde sont morts depuis plus d'un siècle, et le temps de la chevalerie ne semble pas vouloir ressusciter.

Quoi qu'il en soit de mon peu de galanterie, j'espère qu'on ne me gardera pas rancune, si j'ajoute que la figure de ces femmes qui entourent la Chingana est absolument en harmonie avec celle des hommes, le langage le même; que les allures sont les mêmes; et que, sans les jupons et les tresses, je vous défierais bien de distinguer monsieur de mademoiselle.

Entrons. — La porte, encadrée dans trois poteaux monstrueux percés par le frottement du temps, court avec insolence depuis le sol jusqu'au sommet de l'édifice.

Ne croyez pas, je vous prie, qu'elle rivalise avec l'Arc de triomphe de l'Étoile ou celui d'Antonin, ou celui de la rue Saint-Denis, ou même avec une des petites voûtes des galeries du Palais-National à Paris. Non, mes amis, on est moins ambitieux à la Chingana. La porte dont il est question ressemble à l'ouverture d'une de ces granges de Normandie, par où passent à peine les riches céréales du pays, ou à ces constructions en plein vent que les patriotes-citoyens des villages dressent chaque cinq ans à la gloire de leurs éloquents députés voyageant aux frais de la commune.

C'est ambitieux, c'est provocateur, mais ce n'est pas cyclopéen; rien qui dise au voyageur numismate la splendeur morte d'un pays où trônèrent jadis les arts, les sciences et l'industrie.

Voici un trou à côté de la porte, glissez-y votre main armée d'un réal: laissez tomber la pièce de monnaie, et recevez en échange ce qu'on passe dans vos doigts. C'est lourd, noir, fétide, gluant; n'importe! acceptez, si vous voulez connaître la Chingana.

Vous avez reçu votre billet, servant plus tard de contre-marque, et cette contre-marque ou ce billet, voici sa naissance.

On joue au Chili, vous le savez.

De la maison du riche, les cartes vont dans la maison du pauvre, de celle-ci dans le *rancho*, du rancho dans le *bodegon* aux miasmes pestilentiels; et là, le jeu de cartes pesant une once acquiert un poids d'une demi-livre, tant les doigts crasseux y ont imprégné les traces de leurs caresses.

Eh bien ! du bodegon, les rois, les dames, les valets, les as, les neufs et leurs satellites prennent la route du bureau de la Chingana, où on les économise encore lorsque la recette s'annonce peu brillante, c'est-à-dire lorsque la rafale du nord vous engouffre dans des flots de poussière ; mais si le ciel est limpide, la carte onctueuse n'est coupée qu'en quatre : il y a toujours de l'insolence chez l'opulent parvenu.

Ajoutons que, lorsque la soirée est menaçante, on divise la carte en huit ; la misère apprend l'économie...

Une, deux ou trois taches, plus ou moins zigzaguées, indiquent le jour de la *fonction* : tout directeur de théâtre doit s'armer de génie.

Vous êtes nanti, vous pouvez entrer ; il est temps que vous soyez allégé du frottement de vos voisins.

Si vous ne jetez pas votre or au vent des passions, si le réal corrupteur est tombé avec regret de votre main avare, vous pouvez l'utiliser en vous asseyant au parterre sur un banc raboteux, qui vous offre son dos crevassé.

Là, noble ou roturier, assis à côté du *guasso*, vous pouvez demander un verre de maté, en aspirer à pleines gorgées la liqueur, qui passe devant vous dans un grand vase humide du contact de toutes les lèvres du lieu : la Chingana est généreuse.

Au reste, la liqueur offerte n'est pas ce qu'il y a de plus repoussant dans la salle; le regard, l'odorat, l'ouïe, le toucher y reçoivent des atteintes mortelles, et je ne comprends pas, puisqu'on ferme les égouts, qu'on ne place point un cordon sanitaire aux alentours de la Chingana-modèle, pour l'isoler du monde sain et civilisé.

Si, Crésus moderne, vous consentez à doter la malheureuse Chingana du réal donné à la porte, vous le pouvez sans que la vanité de la danseuse ou du chanteur s'en trouve offensée; mais alors, et pour vous distinguer de la foule mendiante, à l'aide d'une échelle boiteuse, dont le moindre défaut est celui-ci, vous gravissez une galerie dominant les curieux, et vous pouvez tout à votre aise jouir du coup d'œil de l'ensemble, sans rien perdre des détails; puis, si vous voulez donner une partie de votre joie aux impatients de la rue, vous vous placez à la lucarne, vous leur imposez silence d'une main protectrice, et vous racontez les solennités du temple chinganien.

Quatre lustres inondent la salle de leurs feux croisés... quatre lustres! Pardon, ô Ravrio! notre langue est trop indigente pour donner un nom quelconque à cette machine suspendue par une corde et dans les fissures de laquelle on a planté quatre chandelles aux suaves émanations.

Or, comme la chaleur du lieu précipite avec une rapidité ruineuse la graisse fondue, presque à chaque quart d'heure ce lustre ravissant est baissé par un artiste qui se hisse sur le banc, déplace les curieux timbrés par le suif, et redonne la vie aux mèches allongées, en les décapitant de son pouce et de son index imbibés de salive.

Tous ces travaux sérieux s'exécutent pendant la représentation, tout cela se fait avec la gravité castillane que les serenos mettent à vous arracher au sommeil qui se baissait pour vous protéger.

Pourquoi donc vous parlé-je avec tant d'amour de ma Chingana décolletée? pourquoi cherché-je à ne rien oublier de ses splendeurs? C'est que la Chingana est la créatrice des théâtres chiliens; c'est qu'avant elle on ne représentait qu'en plein vent, dans les rues, dans les carrefours, sur les serros; c'est que, depuis elle, grâce à elle, on a ouvert un temple digne de nos grandes villes européennes, où les talents cosmopolites viennent jeter à l'admiration tous les noms auréolés des Corneille, des Shakspeare, des Molière, des Hugo, des Scribe, des Rossini et des Dumas, ainsi que ceux des dignes interprètes de ces gloires impérissables dont les siècles sont trop avares.

Les souvenirs, d'ailleurs, ne naissent-ils pas surtout bien plus des contrastes que des ressemblances ? Je le crois, j'en suis sûr, en ce qui me concerne.

Je n'ai jamais regardé un petit pain de sucre, sans me rappeler ce géant énorme couronné à la fois de bitume, de neige et de fumée, sous les menaces duquel tremble tout l'archipel des Canaries ; je n'ai jamais vu courir les nappes diaphanes d'un fleuve, sans réveiller en moi le désordre imposant du Niagara, dont le frémissement seul apprendrait une religion... L'enfance dit la vieillesse, le sourire les larmes, la tendresse une trahison, le crétin l'homme de génie, et je n'ai pas été saisi par le calme au milieu du vaste océan Pacifique, sans couvrir de larmes les rochers des Malouines, où dort aujourd'hui ma belle *Uranie* en lambeaux.

Ma justification acceptée, je poursuis les études promises.

Il n'y a point de rideau d'avant-scène à la Chingana ; on n'y connaît pas l'art de ménager les plaisirs ; du premier coup d'œil on peut tout embrasser.

Quant aux acteurs, quant aux actrices, les voilà sur une estrade, assis ou debout, causant et fumant, vêtus comme vous et moi, de telle sorte que vous pouvez, sans trop d'hyperbole, les prendre pour des hommes ou pour des femmes, à peu de chose près.

Ils ont du blanc au front, du rouge aux pommettes, du noir aux sourcils : mesdames les dames ajoutent du bleu sur leur poitrine, pour dessiner des veines, et je ne sais plus quoi encore; elles saupoudrent aussi les dents, pour laisser croire que leur état leur permet de s'attaquer sans trop de peine au lambeau de chair coriace qui bout là dans une marmite voisine : la vanité est la reine du monde.

Les instruments sont la guitare, la harpe et la table de nuit... Les ingrats ont oublié les castagnettes nationales, les castagnettes parlantes, bavardes, les castagnettes poétiques, donnant de la cambrure à la taille, de la flamme au regard, de la vigueur au jarret... Scélérats de Chiliens! Mais ils nous font grâce du piano, ne leur gardons pas trop rancune.

L'Académie française, dans le but très-louable d'épargner les difficultés aux auteurs, et surtout aux étrangers, a résolu qu'on ne dirait plus donner du cor, toucher du piano, pincer de la harpe, mais qu'on jouerait de tous les instruments. Ici, ce mot serait impropre; à Valparaiso on *grince* de la guitare, on *grince* de la mandoline, on *grince* du hautbois, de la flûte, du trombone, de la grosse caisse, du tambourin; on *grince* de tout au Chili, et surtout on fait grincer les dents à qui s'incline en face des Beethoven, des Glück, des Mozart et des Bellini... Oh! les bourreaux!... Je ne parle que des Chiliens visiteurs assidus de la Chingana.

Je vous ai dit les instruments; il faut que je vous dise qu'on ne les tient pas comme on le fait ordinairement dans le monde des artistes.

L'estrade domine insolemment le public; ce sont des tréteaux soutenus par de fortes solives; mais le parquet, disjoint de tous côtés, menace, à chaque vibration, de faire descendre au troisième dessous, instruments, sauteurs et musiciens.

Voyez maintenant: ce sont de petites mains de femmes qui peuvent se gratter le front à la distance de *trente centimètres*, tant les ongles sont longs et taillés à la chinoise. L'habitude des cordes leur a donné également une dureté de sabot d'étalon, et je plaindrais fort l'amoureux infidèle contre lequel ils s'exerceraient dans un jour de colère.

La harpe, couchée horizontalement, a pour appui la gorge volumineuse de l'exécutante; et, pour que les soubresauts de celle-ci ne lui fassent pas perdre l'équilibre, on l'étaye au pied par un bloc de roche granitique, dont les hercules du Nord n'auraient pas bon marché. Tout cela est ravissant à l'œil ; mais, pauvres oreilles !

Courons à la table de nuit, sans vase à son intérieur, et tâchons de vous faire comprendre le mécanisme de cet ingénieux instrument, dont je doute fort que l'Europe abâtardie essaye jamais la conquête.

Ce sont quatre pieds à peu près égaux, mal joints par une tablette, dont les bois minces et sonores ont mission de retentir sous la main qui les interroge, comme le fait un tambour sur sa caisse militaire ; mais, puisque le bruit doit tenir en éveil les spectateurs attentifs, on a imaginé, — voyez le génie ! — on a imaginé, disons-nous, de petites languettes de tôle frôlant sur le bois, imitant assez passablement, lorsqu'elles sont attaquées avec douceur, le bruissement tout à fait récréatif d'un serpent à sonnettes... Vous diriez du parchemin frotté sur du parchemin.

Mais quand l'énergique poignet du musicien ou de la musicienne veut donner de la sonorité à sa table de nuit, oh ! alors, vous croiriez assister à une joute de blanchisseuses armées de leurs solides battoirs en action ; jamais Sax-horn, de terrifiante mémoire, n'obtiendra de pareils résultats.

Au reste, l'influence de ce superbe instrument est tellement magnétique, tellement dominatrice, que les danseurs, entraînés par le bruit, je n'ose pas dire par l'harmonie, suivent du pied et du corps les mouvements de la main, et font retentir le parquet comme s'ils cabriolaient sur une vraie table de nuit, avec tous ses instruments.

Vous comprenez bien que, puisqu'il y a tant d'excentricités dans la musique, il doit y en avoir également dans la danse.

Mais ici je ne sache point un dictionnaire capable de traduire les émotions, les piétinements, les regards de vautour, les mouvements convulsifs, les sourires érotiques des acteurs du drame, excités encore par les cris de la foule, qui voudrait que le mariage se consommât à la clarté des lustres..., et vous savez quels lustres!!

Les danseurs ne se tiennent pas par la main : ils seraient carbonisés. Un mouchoir les sépare, et de temps à autre les doigts se rapprochent amoureusement, sans oser enfreindre la règle qui défend toute espèce de contact : c'est la modestie dans la licence, c'est la pudeur dans le vice.

L'homme invite la femme en se plaçant debout devant elle, sans toutefois lui adresser la parole ; on tourne sur les talons, on croise les genoux, on se tortille ; et, remarquez-le bien! jamais les pieds en dehors, toujours les pointes en dedans; c'est d'un effet magique, et je défie bien les Cerrito, les Taglioni, les Elssler d'imiter les intrépides Chinganeros, dont seuls les sergents de ville de Paris pourraient faire bonne justice.

Il y a, parmi les musiciens, un homme qu'on appelle *le Maricon*. C'est une tache de graisse sur de la boue, ou une tache de boue sur de la graisse.

Cherchons autre part, voyons autre chose ; seulement, disons, pour reposer notre mémoire, et puisqu'il en a été déjà question dans les *Souvenirs d'un aveugle*, que nous avons vu aux Mariannes une danse à peu près pareille à la *samacuecca* chilienne. Mais là-bas c'est une samacuecca endimanchée, coquette, avec des fleurs au front, des soupirs au cœur, des sourires aux lèvres.

Aux Mariannes, la samacuecca est un bouquet charmant, exhalant partout un parfum de modestie qui vous prend à l'âme, vous fait bénir le moment de l'arrivée et maudire celui du départ... Allez à Guham.

C'est fait.

Mon ami Chaigneau ne m'a rien épargné.

Son œil intelligent a sondé tous les recoins de ce lieu de délices, il m'a initié aux mystères des prêtresses du temple et de ses fidèles visiteurs. Merci.

Quant à moi, j'ai touché de la main et de la pensée le sanctuaire, l'autel, les divinités et les accessoires ; et lorsque j'ai été bien convaincu que je n'avais rien oublié, je me suis reposé dans mon admiration.

---

## LA CAZUELA.

— Le paradis, les drapées, les conversations. — Les Français et les Américains du Nord. — Les Anglais, les prêtres et les vestales. — Margarita, Carmen, Mathilda. — Dévouement d'une sœur. —

---

Mon chapitre sera court, je l'abrégerai autant que possible ; mais puisque j'ai pris l'engagement de vous parler de tout ou de presque tout, je tiens ma parole, quelque lacune qu'il y ait dans le récit.

Il n'est point de serpent, ni de monstre odieux,
Qui, par l'art imité, ne puisse plaire aux yeux.

A Paris, en France, on appelle *paradis* la partie la plus élevée du théâtre. C'est le séjour des titis, des bonnes d'enfants, des honnêtes ouvriers, des ménages économes, qui vont là, les dimanches et jours de fête, oublier, dans les larmes d'un mélodrame ou les joies d'un vaudeville, le rude travail qui a courbé leur dos et crevassé leurs mains pendant la semaine.

Ici, les galeries touchant le cintre, qui n'est qu'un plafond, devraient s'appeler l'*enfer*, car on n'y voit que des anges déchus. Et quels anges, bon Dieu ! Ce sont toutes les nuances du prisme sur les vêtements et les figures, ce sont toutes les notes de la gamme avec les dièses et les bémols dans le langage, ce sont toutes les petites mines des vierges folles pur sang dès que l'entr'acte appelle en haut la foule des désœuvrés, des fous et des observateurs.

A Paris, on prend, au *poulailler*, de la bière, des échaudés, du cidre : on y suce des bâtons de sucre de pomme, on y mange un sou de galette et l'on y rit à pleine gorge. Ici, les glaces, les limonades, les orgeats inondent le parquet ; ici, les dames acceptent des deux mains et quêtent des deux yeux ; le garçon de café est intelligent : avec le plateau des glaces arrivent les boîtes de dragées, et vous avez à peine eu le temps de demander le nom de la charmante causeuse que les deux piastres du gousset ont pris leur essor vers le tiroir du cafetier.

A la vérité, les glaces sont un peu de neige durcie, les sucreries de la mélasse en galette, et les biscuits du pain d'épice en décomposition ; mais vous avez touché une main mignonne et potelée, et vous savez que la dame sucrée, pralinée, confiturée, *glacée* surtout, s'appelle Dolorès, ou Carmen, ou Filomela, ou Concepcion, ou Maternidad, ou Pastora, noms magiques à rester dans la mémoire, appliqués à des minois doux à garder dans le cœur.

Surtout depuis que l'Europe se rue en flots écumeux vers la Californie, immense bazar qu'une secousse de volcan peut engloutir en quelques secondes, Valparaiso est devenu, vous le savez, le point intermédiaire entre l'Atlantique et la mer Vermeille. Or, comme les traversées donnent de l'appétit aux voyageurs, comme les colères du cap Horn les ont rendus avides de caresses, de fêtes et de sourires, ne vous étonnez donc pas de voir la Cazuela de M. Alexandri envahie comme nos théâtres en un jour de représentation gratuite.

Mais, nous devons le dire, quelque modérés que nous dussions nous montrer envers nos nationaux, ce sont eux surtout qui escaladent le plus hardiment, le plus bruyamment, la demeure sacrée.

Les syllabes les plus sonores, les plus énergiques, les plus corrosives visitent en soubresauts bruyants tous les échos de la salle; et si vous avez de la mémoire, vous saurez en rentrant chez vous que Jules, Ernest, Paul, Ludovic, Timothée sont arrivés depuis peu au Chili, que leurs sœurs se portent à merveille, que la récolte des vins a été délicieuse et qu'ils n'iront pas coucher à bord.

Tout cela est charmant comme un conte de Nodier, tout cela vous émeut comme une page de Sterne, tout cela vous fait monter le rouge au front comme un alinéa du marquis de Sade, aux crudités érotiques ; car l'héroïsme dans le vice est une sorte d'inspiration, et l'on est digne du tabouret lorsqu'on joue avec lui en plein jour ou à la clarté des lustres, au bruit des piastres, au choc des verres et des hoquets avinés.

Après les Français, j'allais dire les Gascons, qui trônent ici comme ailleurs, les habitants les plus bruyants de la Cazuela sont les Américains du Nord ; mais ceux-ci, passablement silencieux en paroles, se font bavards avec leurs guinées. Ils parlent aux donzelles les mains dans leurs poches, et ce que vous entendez de leur amoureuse conversation c'est un cliquetis perpétuel de coups de poing et de pièces d'or, prouvant à tous que le Yankee arrive de la Californie ou qu'il y va, moins pour puiser que pour dépenser ; son premier pas est fait : la Chilienne sait son monde et l'Américain retournera chez lui délesté de quelques-uns de ses souverains, en supposant qu'on lui en laisse un pour payer son birloche.

Étudier une ville en oiseau de passage, c'est s'exposer à de graves erreurs : les mœurs, bonnes ou mauvaises, cheminent à pas pressés, rien n'est contagieux comme le vice, et celui qui trace l'histoire d'un pays doit mûrement réfléchir avant de tourner sa page.

Il y a deux mois, j'avais écrit celle qui précède et je m'étais assis dans ma loge, à côté de deux jeunes gens qui descendaient de la Cazuela. Je ne vous dirai pas leur conversation, mais Carmen et Margarita reposaient et pensaient sans doute chez elles, tandis que seule, Mathilda, âgée de douze ans deux mois et six jours, avalait des glaces à pleines gorgées à côté d'un Yankee auquel sa tendre mère l'avait dévotement recommandée.

Eh bien ! où est le mal ? Il faisait si chaud, et l'Américain distribuait ses glaces.

Après les joies innocentes et coûteuses de la Cazuela, il est d'usage d'aller prendre le thé ou le maté chez une des prêtresses du lieu ; vous y trouvez réunis et causant familièrement des Chiliens, des Français, des Anglais, des Américains, des prêtres... surtout des prêtres ; on dirait une fête de famille.

Puis, de petits doigts s'emparent d'une guitare datant du déluge ; les cordes grincent, une voix éraillée les domine, on se lève, on se prend la taille et l'on danse la grave samacuecca, sorte de menuet espagnol, inventé plutôt pour assoupir que pour réveiller. Puis, les Chiliens sont remerciés, puis les Français, puis les Anglais, puis les Américains ; il ne reste à la maison que les hommes à longue robe grise ou blanche.

Pas n'est besoin de confessionnal pour avouer ses péchés, pas n'est besoin d'étole pour absoudre. M. C. et M. ne s'agenouillent que chez elles. Ainsi ne font point les Caroline, les Dolorès, les Mariquitta, qui ne vont point à la Cazuela, et qui sont montées un étage *au-dessous* à force de descendre.

Le garçon qui vous pilote jusqu'au sommet de l'édifice vous indique les fondrières à éviter ; j'ai fait comme lui : n'allez pas à la Cazuela de Santiago ou de Valparaiso, si vous ne voulez pas vous repentir plus tard de l'excursion.

Achevons par où nous aurions dû commencer, il est temps que je me corrige.

L'étymologie du mot en tête de ce chapitre, la voici : on appelle *Cazuela*, au Chili, un repas assez frugal, une macédoine des mets les plus disparates, tous à la même sauce et dans le même vase ; ce sont, ailes de perdrix, pattes de coq, pommes de terre, choux, carottes, gésiers de poules, veau, bœuf, vache, mouton, agneau, vermicelle, salsifis, que sais-je, moi ?

Vous trouverez un semblant de ce délicieux empoisonnement à la Cazuela de Valparaiso ;

mais M. C. M. sont-elles des perdrix, des choux, des carottes, des oies? Non, ce ne sont pas des oies...

Le reste ne me regarde nullement.

Oh! si de cet inextricable fouillis s'échappaient parfois quelques-unes de ces bonnes et consolantes paroles qui disent que tout sentiment de délicatesse n'est pas mort chez les vestales du temple! si leurs prunelles veloutées rayonnaient, suaves et douces, en quête d'un peu d'amour ou seulement d'affection, je vous promènerais longtemps encore dans la Cazuela de Valparaiso. Mais non! De toutes ces jeunes femmes courant dans la ville, comme les vautours dans les airs, il n'en est peut-être pas deux qui ne se réjouissent encore aujourd'hui de la ruine du capitaine, du négociant, du banquier, qu'elles ont certainement entourés jadis de leurs dangereux réseaux.

O Peppa! ô Margarita! ô Rosita! ô Manuelita! libre à vous de prendre mes confidences pour des personnalités; je suis à l'abri de vos ongles, de vos dents, de vos regards; vieillesse et cécité sont deux égides protectrices de toute séduction.

— Que vous avez de beaux cheveux!
— Pour vous servir, señor.
— Que vous avez de belles dents!
— Pour vous servir, amigo.
— Que vous avez de petites mains!

— Pour vous servir, caballero.

C'est toute l'éloquence des Corinnes et des Saphos de la Cazuela. Tant pis pour vous si vous tenez à vous convaincre : car enfin, en fouillant bien, il n'est pas prouvé que vous ne puissiez trouver là — tant le hasard joue un grand rôle dans ce monde — une pensée généreuse, un sourire désintéressé, une âme ouverte au repentir de la chute... Essayez.

Écoutez ; c'est un mot qui est tout un enseignement : vous y trouverez peut-être de la bassesse, moi j'y ai vu de l'élévation.

Trois sœurs, Margarita, Carmen, Mathilda. La première, tout Valparaiso l'a connue ; la seconde, tout Valparaiso la connaît ; la troisième, tout Valparaiso voudra la connaître.

Celle-ci a douze ans accomplis depuis six jours ; mais elle voit, elle devine, elle comprend... Quand se présentent au seuil les nombreux amis des deux sœurs, elle se retire dans une pièce voisine et récite dévotement son catéchisme.

— Mathilda est charmante, disait, il y a peu de jours, un jeune étourdi, en s'adressant à Margarita, nonchalamment assise à ses côtés.

— C'est vrai, señor, et je suis bien aise que vous l'ayez remarqué.

— Qui lui fait la cour ?

— Personne encore.

— Qui la lui fera?

— Personne, j'espère.

— Cela me semble bien difficile, señorita.

— Il en sera pourtant ainsi, señor, si Carmen me seconde... Je me perdrai tant, je me sacrifierai tant, que je la sauverai de la corruption, non par l'exemple, mais par l'absence de besoins.

Margarita est une des vierges folles de la Cazuela qui absorbe le plus de glaces, engouffre le plus de pralines, dépense le plus de regards provocateurs. Je ne crois pas qu'il y ait au monde une femme plus dévouée que Margarita.

Le soir, en passant vis-à-vis le petit Cap-Horn, je crus reconnaître une voix douce et caressante, qui porta jusqu'à mes oreilles un nom connu.

— C'est vous, señorita Margarita? lui dis-je en m'approchant d'elle, comme un homme qui ne redoute pas le danger.

— C'est moi, señor, répondit-elle avec un petit sifflement qui lui sied à ravir.

— Voulez-vous prendre le maté?

— Merci, señor, il est trop tard.

— Pas encore minuit.

— Puis, j'ai une rude *quebrada* à gravir... adieu.

— A propos, puis-je dire bonne nuit à Mathilda?

— Non, elle est à son catéchisme.

— Quelle dévote !

Margarita n'est pas assez perdue pour sauver sa sœur.

La généreuse fille a pourtant une tendre mère qui l'encourage aux sacrifices, et si vous connaissiez la ferveur de ses exhortations, si vous pouviez apprécier toute la chasteté de la morale de cette femme, vous douteriez en vérité de la clémence céleste.

---

## SERENOS.

— Leurs cris. — La nuit tout est défendu. — Trente-six rhumes pour appointements. — Le son des cloches fêlées et leurs voix. —

---

Je vous assure qu'ils font ces choses-là sérieusement, très-sérieusement, avec conscience, peut-être même avec amour. Que voulez-vous ! toutes les passions germent et mûrissent dans le cœur de l'homme, et le sereno possède un cœur comme vous et moi, malheureusement pour l'espèce humaine qui a ses heures de sommeil, de calme, de rêverie. Plus que vous et moi, le sereno possède aussi des poumons, et quels poumons, grand Dieu ! pas un de nos plus célèbres tyrans des boulevards n'oserait rivaliser avec lui, à moins de folie ou d'un incommensurable orgueil.

Voyez : la nuit tombe du ciel, se pavoisant de perles et de saphirs, ou se baignant, poétique, dans les flots de nacre esclaves de la brise... Il est là... là... le grave sereno, à pied ou à cheval, le sifflet de la main gauche, le lacet de la main droite, posté comme une borne de granit au coin de la rue. Silence ! l'horloge résonne... tout se meut, tout s'ébranle, tout frémit, c'est un sabbat de sorcière, ce sont des cris à réveiller le cadavre dans la tombe, c'est la chute d'un mélodrame de la Gaieté, avec ses sifflets aigus, avec ses hurlements et sa frénésie.

« *Il est dix heures et demie et le temps est à* « *la pluie !* »

Ce sont là quelques paroles bien simples, que Jourdain lui-même aurait prises pour de la prose. Eh bien ! Rossini, Meyerbeer, Halévy, Auber et tous les compositeurs présents, tous les harmonistes et désharmonistes du monde ne sauraient imaginer quelque chose de plus sauvage, de plus brutal, de plus déchirant que les horribles modulations, les hideux croassements de mon gaillard pour répéter cette phrase si simple, et pour dire qu'il est fidèle à son poste...

Vous pensez peut-être que, dès qu'il a ruminé sa leçon, il se tait et se repose? Pauvre casanier, quelle est votre erreur! Le sereno est parti à pas mesurés; vous l'entendez de votre chambre, car ici la rue est chez vous, tant les cloisons y sont légères, tant vous êtes près du sol.

Le sifflet déchirant vibre de nouveau; il est remplacé par celui qui occupe son poste en bas ou au sommet de la rue: le cri fatal se renouvelle, poussé par une seconde, par une troisième, par une quatrième poitrine toujours aux aguets. Vous vous blottissez dans votre lit, j'allais dire sur votre planche.

> Le vent qui l'apporta recule épouvanté.

Vous jurez, vous maudissez, tout Hippolyte que vous êtes. Le sereno vous a vaincu comme le monstre de Trézène vainquit jadis le noble fils de Thésée, qui ne voulait pas des tendresses de sa belle-mère.

Le sereno commence son concert par une note basse, longue et traînante, montant, cadencée, sans accord, pareille au braiment d'un baudet en quête de sa pâture absente. La gamme remonte en tierce, en quarte, prend le fausset, le transporte, le change en gargouillade, l'étend, l'allonge, le raccourcit, fait si bien, si poétiquement, le dote d'une couleur si pittoresque, si fantastique, si étrange; il entremêle si cavalièrement les syllabes et les sons, que, pour peu que vous ne sachiez pas la phrase consacrée, je parie quatre-vingt-dix-neuf contre un que nul ne pourra la saisir au vol.

Cela est triste à dire, n'est-ce pas? Mais toutes les demi-heures, ici comme en Europe, n'ont guère que trente minutes aux montres du lieu; eh bien! tout cela vous empêche de dormir, dépoétise les rêves, arrête les malfaiteurs dans leurs coupables pensées et protége les habitants jusque dans leurs maisons. Votre porte n'est pas très-bien close; vlan! le sereno vous condamne à une amende de quatre piastres, que vous versez à l'instant même. Vous rôdez clandestinement dans la rue, le sereno vous enlace et vous livre à un second sereno, qui vous livre à un troisième, ainsi de suite, et l'on vous dépose au domicile indiqué par vous-même. Là, on interroge le maître, le domestique, tout le monde, et si vous avez menti, vous êtes arrêté et emprisonné.

Essayez de vous sauver, lorsque, pris en flagrant délit de satisfaire un petit besoin, vous vous approchez d'un angle protecteur; à l'instant même le lacet part, vous êtes saisi, serré dans ses nœuds, comme dans les étreintes du boa constrictor, et au lieu de trois réaux imposés par la loi, vous payez deux piastres récoltées au profit de la morale. Ah! par exemple, ce qu'il n'est pas permis de faire, la nuit, contre un mur, vous pouvez l'exécuter en plein jour au milieu de la rue, sous l'œil même du vigilant sereno, qui sait son code et passe sans vous rien dire.

Que voulez-vous? on ne voyage pas, on ne se promène pas à quatre mille lieues de la patrie pour ne voir que des maires ayant oublié d'apprendre à lire, de petites trahisons de ménage ou des querelles de cochers.

Vous croyez peut-être en être quitte à si bon compte? Non, non, le sereno n'a pas encore achevé sa tâche; elle est rude maintenant, et il lui reste d'autres devoirs à remplir.

Lisez : une porte s'ouvre, le temps est horrible, un cri de désespoir s'est fait entendre, une mère tremble pour son fils malade, un fils a vainement prié pour une mère alitée; vous avez besoin d'un secours efficace et prompt... Le sereno est consulté, le docteur sera bientôt ici, vous allez le voir.

Un sifflet a retenti, le sereno voisin le répète, la science est réveillée, elle accourt. La mère, le fils vivent dans l'espérance, et vous vous félicitez de l'invention du sereno comme d'un bienfait.

Le sereno n'a pas d'uniforme; couvert de son poncho national, l'été comme l'hiver, coiffé de son chapeau de paille ou de feutre, il arpente la ville, et vous êtes libre, sans l'offenser, de le prendre pour un vigilant, pour un homme de peine, pour un mendiant ou pour un pion. Je crois qu'il se baigne une fois chaque semestre, et si je publie sur lui ces petits détails de mœurs, c'est que je veux qu'il ait de moi un bon souvenir.

— Que gagnez-vous par an? demandai-je hier à l'un d'eux, héroïque soutien du gouvernement.

— Trente-six rhumes horribles, me répondit-il d'une voix déchirée.

— Et de quoi vivez-vous?

— Mon timbre suffit pour ne pas me laisser mourir de faim.

Pour peu que le rhume dure, l'un dans l'autre, huit à dix jours, je comprends pourquoi vous imitez si bien, la nuit, le son des cloches fêlées, le bourdonnement d'une eau fangeuse tourbillonnant au fond d'un égout, ou d'un chacal en quête d'un cadavre.

Au reste, je trouve entre eux et une certaine classe de gens de notre pays, si admirablement civilisé, une parfaite analogie. Comme les serenos, les êtres que je signale à votre attention, à votre colère, font du jour la nuit, et de la nuit le jour... Ce sont les mitrons hideux, gros, gras, suant, hurlant comme des bêtes fauves saisies au gîte, les mitrons à la voix rauque et lamentable qui épouvante les passants, fait peur à la jeune fille et vous poursuit de quartier en quartier, ainsi que le filou aux aguets d'une victime. Mais le mitron, qui n'arrête personne et qui nous fabrique du pain trempé de ses sueurs, vous avez beau l'interroger de la rue et lui demander un appui contre une douleur, il vous répondra, le cruel qu'il est, par un de ses *haaaa* prolongés qui disent une agonie, un râle, une dernière espérance éteinte.

Allons! allons! j'aime mieux le sereno de Valparaiso, de Santiago ou de Lima, que le mitron de Paris; cependant, j'aime bien mieux Paris, même avec ses mitrons, que les trois cités américaines avec leurs vigilants, leurs serenos, leurs jeunes filles accroupies à l'église, et Mariquita la brune, accoudée sur sa porte, le soir quand il n'est plus jour, quand il n'est pas encore nuit. Bonsoir à ceux-là, au revoir à celle-ci.

FIN DU PREMIER VOLUME.

# TABLE DES MATIÈRES

CONTENUES DANS CE VOLUME.

---

DÉDICACE. Page 5
PRÉFACE. 7

## DÉPART.

Cinquante hommes de cœur guidés par un aveugle. — Rouen. — Le Havre. — Le trois-mâts l'*Édouard*. — Le mal de mer. 9

## UN HOMME A LA MER.

Déjà le drame. — Le canot va vite, la mort va plus vite. — La tombe d'Auguste. — M. Curet. 17

## L'ÉDOUARD. — UN PEU DE TOUT.

Les passagères. — La belle Aménaïde. — Est-il beau ? — Le capitaine *Pain-Sec*. 24

## MOI.

Mon enfance. — Partez, partons. — Deux dans une boîte de soixante-cinq centimètres de large. — Mon compagnon Saintin-Baudry. 37

## PORTRAITS. — CURET.

Le français du capitaine. — Bourges le gabier. — Nos quatre matelots. — Ouistiti. 44

## TABLE DES MATIÈRES.

### QUI S'Y SERAIT ATTENDU ?

Encore Aménaïde. — Le frère et la sœur. — Une anecdote.
Page 58

### REGRETS.

Les couchers de soleil. — Des bonites. — Des dorades. — Un requin. — Entre deux eaux. — Ce qu'on trouve dans le requin. 66

### RÊVERIES.

Un navire à l'horizon. — La santé du roi. 76

### SOUS VOILES.

La Pictura. — La Gazelle — Description de mon tiroir. — Qu'est-ce que six mois ? 78

### PASSAGE DE LA LIGNE.

Dialogue. — Décadence d'Aménaïde. — Blanchisseuse. — Pas mariée. 87

### UN COLOSSE.

Besnard. — Ses langues. — Un festin. — Une poésie de Besnard. 95

### NOUS.

Un tribunal d'honneur. — Un ordre du jour. — Après le jeu, la loterie. — La nourriture des matelots. — Réclamations. — École polytechnique à bord. — Protestation. — M. Comignan. — La discorde est à bord. — Les tribunaux de Paris en jugeront. 110

### PATAGONIE.

La baie des Français. — Les Patagons. — Pouha-Pouha. —

Le lazo. — Kaléo, fils de Pouha-Pouha. — Jep le Gaoucho. — Rivalités. — Défis. — Détails curieux. — Jaguars et tigres. Page 127

## LE CAP HORN.

Ce qui remue le monde. — Le régime à bord. — La forêt des serpents. — Montagne de glace. — On nie le cap Horn. — Arcs-en-ciel lunaires. — Les Magellans. — Réveil du lion. — Rencontre d'une bouteille. — Iles de la Mère de Dieu. — L'anthropophagie. — Les Araucanos. — C'est ma fête. 158

## ARRIVÉE AU CHILI.

Valparaiso. — Les femmes au Chili. — Pérolina. — Son fiancé. — La danse pour briller. — L'église pour aimer. — A Lima, le poignard. — A Valparaiso, l'éventail. — La guitare. — La harpe et le piano. — Pieds imperceptibles. — Enthousiasme de nos compagnons. 170

## LES THÉATRES.

Santiago a deux salles. — Les rats des deux pays. — Tout, excepté le vaudeville. — Ce qu'on fait des couplets de Scribe, Mélesville, etc. — Déjazet, Rose Chéri. — Scriwaneck, Arnal, Bouffé, etc. — Littérature du jarret. — Paquita la joyeuse. — *Les Sept Degrés du crime.* — Casacuberta. — Sa mort. — Santiago, capitale du Chili. — M. Alexandri et ses marionnettes. — Les acteurs. — O'Loghlin. — Sa femme. — La Cachucha. — El Sapado. — Théâtre de l'Universidad. — Les servantes portant les chaises. — La pièce commence, les esclaves sortent. — Les fleurs au théâtre. — Le souffleur fume dans sa niche. — On applaudit à coups de banquettes. — Ayez des souffleurs poitrinaires. — Moins de pugilat, moins d'amoureux. 179

## LA CHINGANA.

— Il faut connaître la Chingana. — Bal et concert. — Le public, les hommes, les femmes. — Prenez votre billet. — Quel billet ! — Prenez un verre de maté. — Quatre lustres et autant de chandelles. — Mouchettes naturelles. — Point de rideau. — Les instruments sont la guitare, la harpe et la table de nuit. — Mécanisme de cet instrument. — Ongles de trente centimètres, taillés à la chinoise. — La danse et les cris de la foule. Page 191

## LA CAZUELA.

Le paradis, les dragées, les conversations. — Les Français et les Américains du Nord. — Les Anglais, les prêtres et les vestales — Margarita, Carmen, Mathilda. — Dévouement d'une sœur. 204

## SERENOS.

Leurs cris. — La nuit tout est défendu. — Trente-six rhumes pour appointements. — Le son des cloches fêlées et leurs voix. 213

FIN DE LA TABLE.

www.ingramcontent.com/pod-product-compliance
Lightning Source LLC
Chambersburg PA
CBHW051858160426
43198CB00012B/1655